ビジネスの結果が変わる

N1分析

実在する1人の顧客の徹底理解から新しい価値を創造する

西口一希 NISHIGUCHI KAZUKI

日本実業出版社

はじめに

実際の1人の顧客の心理を徹底理解する「N1分析」

筆者はこれまでP&G、ロート製薬、ロクシタン ジャポン、スマートニュースにおいてマーケティングを中心に経営にも携わってきました。ここ数年間はスタートアップへの投資、経営へのコンサルティング、顧問などのかたちでさまざまな企業の事業支援を行っています。

ご相談いただく企業はBtoBからアプリ開発、巨大なグローバル事業まで、累計で380社（2024年10月時点）を超え、経営者や事業責任者など、マーケティングをメインの業務にされていない方々との関わりも増えていく中で、マーケティングには誤解されている部分が多く、そのために無駄な費用や時間、労力が発生していると感じるようになりました。

また、多くの企業で、マーケティングにおける課題を抱えていることも実感しています。

それは「お客様第一」「顧客視点」などと言いながら、最も重要な顧客が見えなくなっているということです。お客様のためにビジネスやマーケティングに取り組んでいるのに、そのお客様の心理や変化が見えなくなってしまうのです。

あるいは、経営者も現場の担当者もお客様を理解することなしにマーケティングの手段や手法（ＨＯＷ）ばかりを意識した結果、お客様が置き去りにされる構造に陥っているケースもあります。日々増えていくマーケティングの手法にとらわれ、本当の顧客の姿を見失ってしまうことも少なくありません。


大企業であれ中小企業であれ、顧客が何を求めているのか、顧客が何に「価値」を感じているのかをしっかり把握している企業は、継続的に利益を上げています。経営と顧客の行動をつないでいる「顧客心理」に着目し、「誰に（ＷＨＯ）」「何を（ＷＨＡＴ）」提供するのか、そして「なぜ買って（使用して）いただけるのか」を軸にビジネスを構築されているのです。


お客様と最も近く接しているマーケティングこそ、こうした「顧客戦略」を解き明かし、経営に詳細に提示することが求められています。

「顧客戦略」とは、価値となる「誰（ＷＨＯ）に対して、何（ＷＨＡＴ）を提案するか」の組み合わせです。

これらを明確にして組織全体で運用することにより、「顧客心理」や「顧客行動」の変化をとらえ、その結果としての売上、利益の財務諸表までを一気通貫して把握することができます。

WHO と WHAT の組み合わせ（お客様がプロダクトに価値を見出す）

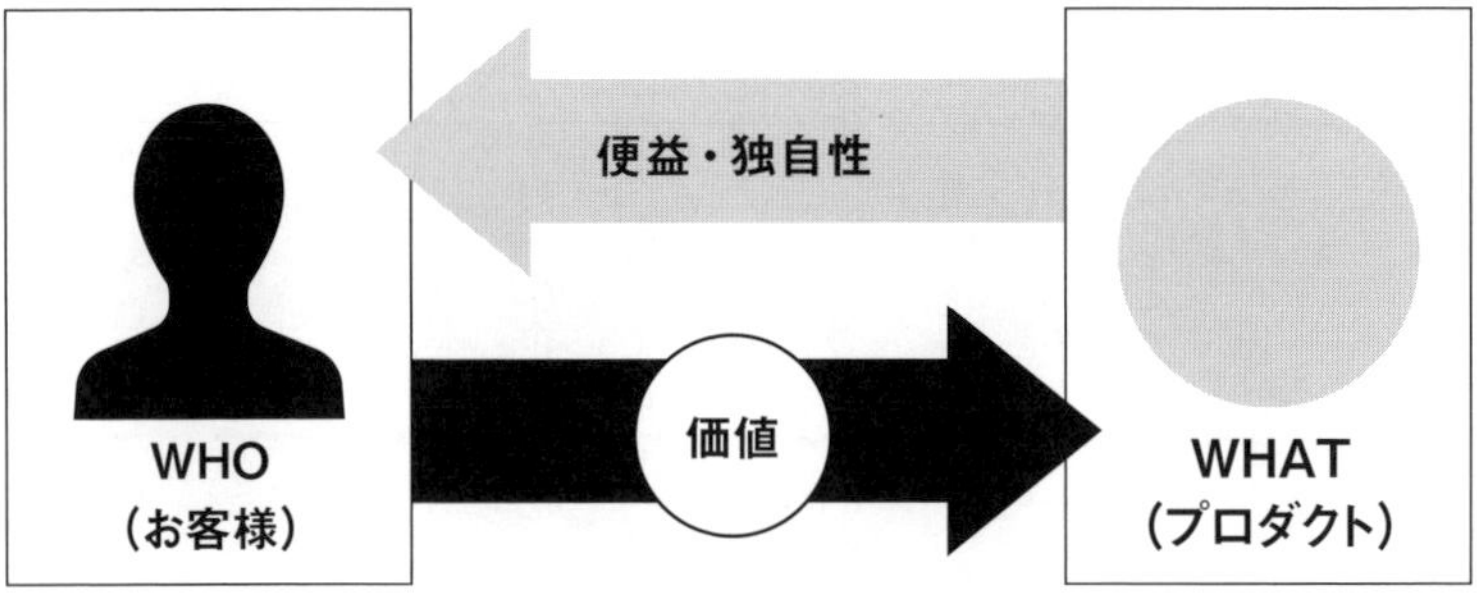

しかし、さまざまな施策を実行しても、思うようにビジネスが成長していない場合、顧客がどのような人で（WHO）、その顧客がプロダクト（商品やサービス）にどのような便益と独自性（WHAT）を感じてくださっているのかを理解できていないことがほとんどです。

「便益」とは、顧客自身が感じているベネフィットであり、顧客が買う・選ぶ理由です。「独自性」とは、唯一性であり、顧客がほかの商品やサービスを買わない・選ばない理由です。

そもそも、顧客は便益と独自性を見出すからこそ、対価を支払ってくださるのです。この関係性が成立してはじめてプロダクトの「価値」が生まれ、事業の成長が見込めます。

ここで重要なのは、プロダクトの価値は企業ではなくお客様が見出すものだという点です。

企業側が「このプロダクトには便益があります」「このサービスには独自性があります」と訴えても、お客様がそこに便益と独自性を見出さなければ「価値」は生まれず、継続的な利益に結び付きません。

そのため企業側は、プロダクトに便益と独自性を感じている具体的な人の行動と意識を掘り下げ、心が動いたポイント（驚きや喜び）を探り、考察することが重要です。

それによって、便益と独自性（ＷＨＡＴ）に、価値を感じている人（ＷＨＯ）の組み合わせを複数見つけ出し、「ロイヤル顧客」として効率的に取り込むために有効な再現性のあるマーケティング施策（ＨＯＷ）を考え出すことができます。

これが、筆者の提唱してきた「Ｎ１分析」です。「Ｎ１分析」は、筆者がＰ＆Ｇ在籍時に携わった多くのプロダクトのマーケティング活動を通して生まれ、その後、ロート製薬、ロクシタン、スマートニュース、そして支援先の企業等でのビジネスにおける数多くのプロダクトによる実践を経ながら、よりメソッドとしての精度を高め、提唱し続けているものです。

「Ｎ１分析」は、名前のある実在する１人の顧客を徹底的に理解し、その顧客が価値を見出す便益と独自性を見極め、具体的なプロダクトのアイデア、訴求するための伝達方法としてのコミュニケーションのアイデアを洞察する帰納的アプローチ。顧客自身も気づいていない、もしくは、言語化できない、潜在的なニーズ（インサイト）を洞察し、新しい価値を創造する分析です。

「N1分析」で洞察しようとしているのは、いわゆる「インサイト」です。一方、「インサイト」と呼べないものは、お客様自身が気づいており、言語化できる、説明できるニーズであり、これは顕在ニーズです。顕在ニーズはすでに明確なマーケットになっており、それに対応する、つまり、ニーズに対応する便益を提供するプロダクトが多く存在します。

「N1分析」では、顧客の購入行動につながる、顧客自身も気づいていない、言語化できていない潜在ニーズをつかみ、有効なプロダクトの提案、さらにマーケティングの施策を創出し、定量的な検証を重ねて拡大展開していきます。

筆者の35年のキャリアで成功と失敗を分けてきたものは、確実に「インサイトの解像度」であり、個人であるお客様をどこまで深く理解したかでした。この理解を深める方法を「N1分析」と名付けました。

現代のマーケティングに関する課題

筆者は企業の事業支援以外に、数冊の自著や講演活動等を通して「N1分析」や「5segs（ファイブセグズ）」「9segs（ナインセグズ）」のフレームワークを組み合わせた「顧客起点マーケティング」の重要性を訴えてきました。

2023年に刊行した『マーケティングを学んだけれど、どう使えばいいかわからない人へ』（日本実業出版社）では、実際にマーケティング初心者の編集担当や出版のサポートスタッフ、さらに中小企業の経営者、若手マーケター、マーケティング初心者の方々から徹底的にヒアリングを行い、マーケティングを実践するうえで妨げになっているポイントをまとめました。

さらに、本を購入してくださった読者に向け、刊行後に無料のオンラインサロンを何度も開催し、質問や疑問に答えていきました。

そこで、多くの方がマーケティングのどのようなことに課題を感じているのかをひも解くと、「顧客の解像度を高める難しさ」を感じているケースが多いことに気づきました。約9カ月間にわたって開催したオンラインサロンでは、多くの方からさまざまな悩みをうかがい、それらに答えていく中で、筆者自身も多くの学びを得ることができました。

その内容を、オンラインサロンの参加者だけでなく、より多くの方に共有したいと考え、1冊の本にまとめたのが本書です。実際にマーケティングの何に悩んでいるのか。それについての筆者なりの見解をまとめました。

「N1分析」は帰納的なアプローチ

「N1分析」で顧客の解像度を高めるためには、座学も必要ですが、実際には何度も自分で経験してみることが重要です。徐々に勝ち筋のパターンが見えてくるようになってきます。

その意味では、「N1分析」は理論やプロセスからではなく、実際に起きた具体例（ケーススタディ）から学ぶことが最も有益です。

本書では、実際に「N1分析」を実践して成果を出している企業の経営者やマーケティングの責任者から詳細に話を聞き、実例を掲載しました。「N1分析」を実践している人の生の声を通して、実践するための戦略をひも解きます。

本書でも詳しく触れますが、歴史的にマーケティングは市場全体を大きな塊《かたまり》としてマクロ的にとらえ、既存の理論やルールを活用してシェア拡大を目指す「演繹的《えんえきてき》」な手法が一般的でした。

一方、具体的な事例を深く分析して汎用可能な傾向やパターンを見出し、有効なアイデアを導き出して拡大展開していくN1分析は「帰納的《きのうてき》」な手法と言えます。

そして、通常の解説書やビジネス書は、原理や理論から結論を導き出す演繹的アプローチで書かれるものが主流です。筆者自身の著書では、「顧客起点マーケティング」の両輪として、演繹的アプローチである「5segs」「9segs」と帰納的アプローチである「N1分析」を同時に解説していましたが、混在すると理解するのが困難になるのも事実です。

また、「N1分析」は多種多様な人間とその深層心理を対象にした帰納的分析なので、マーケティングの分野の中でも汎用的な体系化と言語化が最も難しくもあります。逆説的ですが、「N1分析」の理解と血肉化には、個別の実例から帰納的に理解することが重要だと考えています。

そこで、本書は「N1分析」自体と同様に、ケーススタディとして異なる市場における4つの企業の具体的な個別事例を分析して結論を導き出す帰納的アプローチを目指しました。

本書の構成は、次のようになっています。

第1章では、「N1分析とは何か」「なぜ必要なのか」といった「N1分析」の概要を解説します。第1章は「N1分析」を学んでいくにあたって筆者がこれまでの実践から定義するマーケティングのまとめ的な内容でもあり、すでに知っている方、また拙著『たった一人の分析から事業は成長する　実践 顧客起点マーケティング』（翔泳社）や『企業の「成長の壁」を突破する改革 顧客起点の経営』（日経BP）、『マーケティングを学んだけれど、どう使えばいいかわからない人へ』をすでに読まれた方は復習的に目を通すか、読み飛ばして第2章から読み進めていただいても構いません。

第2章では、「N1分析」を実践する4社のケーススタディを掲載します。

BtoC市場で停滞から大躍進を達成したメーカー（アサヒビール株式会社）、縮小しつつある市場で再生に挑む老舗メーカー（株式会社アックスヤマザキ）、インターネットを主体に成長を続けるスタートアップ（株式会社シロク）、BtoB市場における巨大グローバル企業（パナソニック コネクト株式会社）。

この4社の経営トップやマーケティング責任者から、実践している「N1分析」について、その実施している理由や具体的な方法、実践するうえでの難点や留意点、成果などについてうかがいました。

この4社のケーススタディに、すべての「N1分析」が詰まっています。ぜひ、何度も、これらの実例を読み直していただいて、日々の実践を通じて帰納的に理解を深めていただきたいです。

第3章では、第2章をもとに「N1分析」のポイントを抽出し、より詳細に解説しています。

「N1分析」は、マーケティングだけでなく、ビジネス全体の成果を大きく変えるアプローチです。

企業におけるすべての意思決定は、お客様に価値を見出してもらうことを目指した「便益」と「独自性」の提供のためにある。

そのことを忘れず、深い顧客理解をベースに「誰に、何を」提案するのかを考え抜くのが「N1分析」です。

人がモノを買うとき、サービスを使うとき、どんな心理が働くのか、私たちがモノやサービスを売るというのはどういうことか、さらにビジネスとは何かといった本質的な理解にも役立ちます。

マーケティングの領域では日々新しい手法や知見が生まれていますが、第2章のケーススタディを読めば、目先の手法に翻弄されることなく、まず1人のお客様にしっかり向き合うことから事業が成長していることを実感できるはずです。

読者の方が本書を通じてマーケティングをビジネスの現場で活用し、事業の成長やご自身のキャリアに役立てられることを心から願っています。

ビジネスの結果が変わるN１分析　目次

マーケットは塊ではない。心理のある個人の集合がマーケット

「N1分析」の基本――「顧客戦略」を考える……59

第2章 N1分析 ケーススタディ

N1 Analysis Case Study

Case Study 3

成熟したマーケットで独自の便益を築く「熱心な素人集団」による「N1分析」

第3章　実践　N1分析

ケーススタディから抽出するN1分析のポイント

Practice: N1 Analysis

マーケティングの「アイデア」抽出……276

カバーデザイン　山之口正和＋齋藤友貴（ＯＫＩＫＡＴＡ）
本文デザイン・ＤＴＰ　浅井寛子
構成　真田晴美

※　本書では、「お客様」「お客さん」「顧客」という呼称は文脈等によって使い分けています。

※　「N1分析」「5segs」「9segs」「顧客戦略」「カスタマーダイナミクス」「ストラテジーマップ」はマクロミルの商標または登録商標です。

第1章

「N1分析」とは何か

N1
Analysis

「マスマーケティング」の限界と誤解

マスメディアから個人メディアの時代へ

近年、いい製品やいいサービスをつくっても売れなくなった、ヒットしにくくなっている、という声をよく聞くようになりました。とくにスマートフォン市場の急速な広がりの後に、この傾向が加速しています。

なぜ、いいものをつくっても売れなくなったのか。大きな要因としてあげられるのが、マスメディアの時代から、スマートフォンの浸透による個人メディアの時代への移行です。

大勢の人々に向けて画一的な訴求をする「マスマーケティング」という概念は、かつてマスメディアが情報伝達の主流であった昭和の時代に根ざしています。

昭和の時代には右肩上がりに人口が増え続けており、B to CでもB to Bでも、ターゲットとなる顧客やクライアントが増え続けていたため、プロダクトを次々と大量生産して安い価格で市場に投入し続けるビジネスモデルが主流でした。

そして、この時代にはテレビ、新聞、雑誌、ラジオの4大マスメディアが主要なメディアチャネルであり、広範囲の視聴者や読者に向けて一斉に情報を発信していました。

大量の営業部隊が売り込みをかけると同時に、マスメディアで広告やニュースが流されると、プロダクトの認知が大きく上がり、売上にも大きく影響しました。買ってくださるお客様がどういう人なのかを深く理解しなくても、人口もクライアントも増えるのでマスメディアを駆使して認知を高めれば、売上も伸び、ビジネスが拡大していったのです。

このような背景から、拡大する「マスマーケット」に対して、「マス生産」にはじまり、「マス営業」と「マス販売網」を土台に、「不特定多数のマスのお客様」に、「マスメディア」を通じて、大規模な一律のマーケティング戦略を展開する「マスマーケティング」が主流となりました。

しかし、「マス」という概念には大きな問題があります。

「マス」と言われるようなお客様は存在しない

そもそも市場における顧客1人ひとりは、それぞれ異なる生活やニーズを持っており、この多種多様な顧客の集団をひとくくりにした「マス」と言われるようなお客様は存在しません。マスマーケットと思われている市場も、実際には多種多様な個々の顧客の集合体や平均値に過ぎません。テレビCMなどに大規模な投資をするマスマーケティングは、本来はさまざまな趣味や嗜好、特性などを持っているお客様を「大きな集団」でとらえます。

そこには、そもそも誰に向けてどのプロダクトを提案するかという視点がないため、全方位的にプロダクトの認知を図ることになり、誰も強く否定しない代わりに誰も強く支持することもない、無難で既視感のある提案を繰り返すことになります。

その結果、お客様1人ひとりの心に響きにくくなるだけではなく、必ずしもコミュニケーションコストの効率も高まらないのです。また、ものづくりも広告の訴求もマスの平均値を狙うので、コモディティ化する傾向も強くなります。常に価格競争にさらされることになり、ビジネスが一過性に陥るリスクも避けられません。

それをなんとかしようとして、さらに巨大なマスをとらえようとして最大公約数的な戦略やプランに投資を重ね、利益の出ないプロダクトとなってしまうケースも多くあります。

このように顧客を深く理解しようとせず、ビジネスを合計値や平均値で最大公約数的にとらえてしまう思考を、筆者は「マス思考」と呼んでいます。

1990年代の商用インターネットの登場、そしてデジタル技術の進化、さらにスマートフォンやSNSの隆盛による情報爆発の発展は、マーケティングの世界にも革命をもたらしました。ほとんどの人がスマートフォンを通じてインターネットに直接つながり、無数とも言えるさまざまなデジタル上の情報に触れるようになりました。そうした状態では、1人ひとりの情報接触や感情や行動を把握することが極めて難しくなっています。

さらに4大マスメディアが衰退していく中で、マーケターや広告担当者が発信するプロダクトの宣伝、市場動向の解説記事、ブランドメッセージなども伝わりにくくなっています。

今、それを埋めるかのようにさまざまなデジタルマーケティングの手法が提案されていますが、それによってマーケターは「顧客が何を求めているか」を知るよりも、新しい手技手法の理解と実行に時間をとられているのが現状です。

念のため補足しておきますが、筆者は「マスマーケティング」という手法自体を否定しているわけではありませんし、マスメディアを使うことを問題視しているわけでもありません。問題となるのは、平均値や最大公約数のみを求める「マス思考」であり、不特定多数の集団を単一の顧客像にあてはめ、全方位的に顧客を獲得しようとするアプローチです。

1970年代から発展してきたマーケティングは、個々人が情報を受発信できるスマートフォンを持つ現代において、その前提としてきた「マス思考」から大きく転換しなければならないのです。

合計値にとらわれる「マス思考の罠」

最近は、メディアなどでもマス的なアプローチの限界が指摘されるようになってきましたが、実際の現場ではいまだに「マス思考」にとらわれているマーケターや企業が多いと感じています。

たとえば、海外に販路を拡大しようとするとき、こんなことを言う人がいます。

「アメリカの人口は日本の3倍ですから、ポテンシャルも日本の3倍ありますよ」。これは実際にはまったく逆であり、これこそ「マス思考の罠」と言えます。

たしかにアメリカの人口は日本の3倍ですが、アメリカでは人種や国籍、出身地、宗教、年収、教育歴、政治的信条などによって考え方や価値観の差異が大きいため、日本よりはるかに細かいセグメンテーションで顧客をとらえる必要があります。

たとえば、政治的信条だけを見ても民主党支持者と共和党支持者の間には多様なバリエーションが存在し大きな振れ幅があります。

かつて筆者が在籍していたP&Gでも、アメリカ国内で「ヒスパニック系の消費者向けマーケティング」「アジアン系向けのマーケティング」などと細かく分類されており、そこからさらに細かくセグメントされていました。

顧客の分類について細かくは後述しますが、筆者は「Ｎ1分析」の際に購入頻度でセグメントする「5segs（ファイブセグズ）」や、さらに「次回購入意向（ＮＰＩ：Next Purchase Intention）」のかけ合わせによって9つの顧客グループに分類する「9segs（ナインセグズ）」を提唱しています。これらは実際のビジネスでの最低限の分類として活用しています。それぞれの「seg（セグメント）」の中でさらに分類が必要で、多様性の幅が大きければ大きいほど、より詳細にセグメントする必要があるのです。

いずれにしても、単純に合計値が大きければ売上もそのまま大きくなるはずだというのは大きな間違いであり、「マス思考の罠」と言わざるをえません。

さらに、売上が上がっている事業においても、合計値にとらわれると実態の把握が不可能になり、継続的な利益を上げるのが難しくなります。

たとえば、ディスカウントや特典割引などの施策を積めば短期で売上を上げることはできますが、その結果、一度しか買わない（使わない）顧客ばかりで構成されることになり、利益率が下がってしまいます。

事業や企業の中長期的な成長を考えるうえでは、顧客構造を把握し、利益ベースの「ＬＴＶ（Life Time Value／顧客生涯価値）」に貢献してくれるはずのお客様を大切にする必要があります。

パレートの法則は利益に貢献する「ロイヤル顧客」の割合にもあてはまる

経済学分野の法則に「パレートの法則」というものがあります。これはイタリアの経済学者のビルフレッド・パレート氏が提唱したもので、もともとは「社会全体の富の8割は、上位2割の高額所得者に集中し、残り2割の富が8割の低所得者に分配される」という所得分布の不均衡について論じた法則でした。

その後、「上位の2割が、全体の8割の成果を生み出している」という経験則が、所得分布以外のさまざまな社会事象にもあてはまると指摘されるようになりました。

ほとんどのビジネスでも、中長期で見れば利益の8割は上位2割の顧客が生み出しており、「パレートの法則」が成立しています。

たとえば、飲食店での利益に対する顧客の貢献度合いも2〜3年を通して見れば、だいたい20：80になります。

20%のお客様が利益の80%、場合によっては90%、ときにはほぼ100%を担っているケースもあります。30：70や10：90の場合など、多少の変動はありますが、私が関わってきたすべてのプロダクトやブランドで上位集中を確認しました。

上位20%の顧客が利益の80%を占める「パレートの法則」

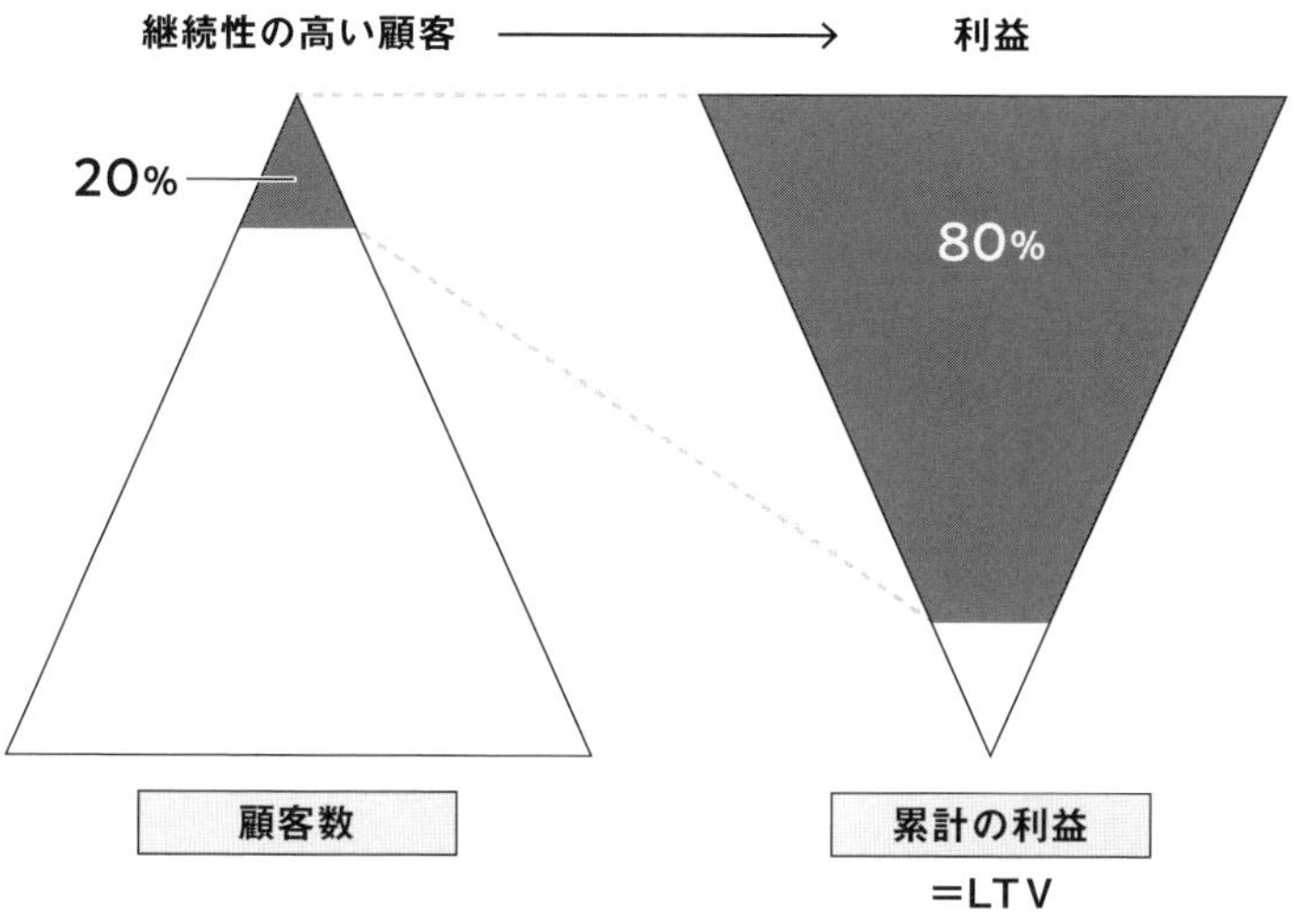

ですから、お店や企業が重要視すべきは、上位2割のロイヤル顧客層であることは明確です。しかし、実際には8割の新規顧客のほうが人数の多さから目につきやすいため、この8割に向けた施策にコストをかけてしまうケースがほとんどです。

このことを、飲食店を例にしてかみ砕いて説明すると、次のようになります。

店舗の形態やカテゴリーによって違いはありますが、一般的な傾向として、飲食店のリピート客は2割以下です。

利益率の低い飲食店というのは、今日来てくださった１００人のお客様が何を食べたか、どこに笑顔があったかなどを見て、その後の接客方針やメニューづくりの参考にしています。しかし、１００人全員の情報をもとに判断をしているので、最も人数の多い「リピートしてくれない80人」の情報を大量に取得したうえで明日以降の努力内容を決めがちです。

ただ、このお客様の違いは1年、2年と営業を続けているとわかってきます。「常連さんで、ずっとお店に来てくださっているのはこの少数（100人中20人程度）の方々だ」と。

そこで、「この20人は、ほかの人たちと何が違うのか」と考えてみます。20人それぞれ、近所に住んでいるのか、会社の帰り道なのか、大好きなメニューがあるのか、などです。

常連の20人がほかのお客様と何が違うのかがわかれば、「この常連さんに似ている人たちをはじめてお迎えするとしたら、どういう特徴で見分けられるだろう」と掘り下げていきます。

そして、常連客と同じような特徴の人を見つけたら、その人たちを大事にすることでリピートが伸びていくわけです。

目の前のお客様の人数に着目すると見誤る

もちろん、新規のお客様を増やす努力も必要です。

しかし「パレートの法則」の通り、新規顧客はそのうちの2割程度の少数の人しかリピートしてくれません。多くのビジネスで経営が苦しくなるのは、この100人の中の「リピートしてくれる

20人」がわからないからです。

ずっと来てくださる常連のお客様を見て、ほかのお客様とは何がどう違うのか、どんな要素を持っているのかを知り、そこを意識して伸ばしていくことで長期的な売上と利益につながっていきます。中心に考えるべきは、「リピートしてくださるお客様（ロイヤル顧客）」なのです。

ただし、そうした常連のお客様も一定の割合で離反していくため、その離反を補って新しい常連のお客様となり得る新規のお客様を増やしていく努力も必要です。

そして、「その新規のお客様を、リピートする常連のお客様にするためには何をすればいいのか」を考えることで、８割の新規のお客様の中から2割のリピート客に上がる人が出てきます。

こうした施策の積み重ねによって、リピートする2割になっていただけるお客様を積み重ねていくことで、安定した継続性のあるお客様が増え、お店は中長期で成長していきます。

にもかかわらず、多くの店では一番人数の多い「リピートしてくれない80人」に目を向けがちです。リピート客の20人が18人に2人減ることよりも、新規客の80人が75人に5人減るほうが短期でのインパクトは強く、「客足が減ってしまった」「このままで大丈夫か」と心配になるのです。当然、リピート客2人を失うことは、新規客を5人失うことより、継続的な売上と利益、すなわち経営にとって深刻な問題をもたらします。

先日、筆者が支援させていただいている企業で、「若年層のユーザーを伸ばしたい」というご相談がありました。

そこで、一昨年の売上と過去5年間の累計売上で顧客別ランキングを出していただいた結果、一昨年の売上上位には若年層が多いものの、5年間の累計売上で見たときに上位にくるのは、年齢が高めの顧客層でした。

つまり、その企業が獲得を強化しようと考えていた若年層の多くは、短期的な売上にしか貢献しないのです。単純に、若年層のユーザーを増やせば、一時的な売上は増えるものの明らかに長期での利益性を毀損します。

このように、中長期で貢献しているお客様と短期で貢献しているお客様は異なるのですが、ほとんどの人にとっては直近1年間の記憶のほうが強く、印象に残りやすいため、短期的な貢献にしかならないお客様を「重要なお客様」として誤解してしまうのです。

一過性のお客様を獲得すれば短期的な売上は上がりますが、それは非常に危険な状態です。1回限りの販売で利益を上げるビジネスモデルであれば問題はないかもしれませんが、多くの企業は1回限りでは利益は少ないか、むしろ損失が出ています。

ほとんどの事業はリピートしてもらってこそ利益が上がるビジネスモデルになっており、1回しか購入してくれない顧客を大量に呼び込んでいる状態では、継続的な利益は上がっていきません。

売上は上がっているが利益率が下がっている場合も多くありますが、そのほとんどは、このパターンに陥っています。

短期的な売上を重視する傾向は、ＢtoＢでもよく見られます。マーケティングや営業が、リピートカスタマーを最も理解しているカスタマーサクセス部門と分断した状態で、新規獲得向けのリード獲得を過剰に行ったり、インサイドセールスを過度に強化するケースです。

企業経営で重視しなければいけないのは、短期ではなく、リピートカスタマーによる継続的な売上と利益なのです。

Point

- 個人メディアの時代になり、広いマスマーケットに対して一律のマーケティング戦略を展開するマスマーケティングだけでは効果が出なくなっている
- ほとんどのビジネスで、中長期で見れば利益の８割は上位２割の顧客が生み出している
- 合計値だけを見ていると顧客の解像度が低くなり、提案すべき便益と独自性が見えにくくなる

マーケットは塊ではない。心理のある個人の集合がマーケット

顧客の心理や変化を把握しないマーケティングは縮小均衡に陥る

筆者が普段、さまざまな業種にわたって事業支援や投資をしている中、多くの企業でよく「このマーケットの市場規模はこのくらいの売上」という話をされます。

もちろん、それも必要な情報ではありますが、それだけを考えていると、お客様が見えなくなるリスクに陥ります。

マーケットというのは、1つの「塊」ではないからです。

それぞれに思考や感情、認知、知覚、周囲との相互作用といった心の動きを持つ個人の集合がマーケットであり、事業の売上も、もともとは1人ひとりのお客様がプロダクトに価値を見出した対価として払ったお金の集合体です。そのことを念頭に置いておかなければ、顧客への感覚が失わ

れていきます。

そもそもマーケティングとは、端的に言えばプロダクトを開発し、お客様に継続的に購入や使用していただいて、利益を生み出し続ける活動です。企業側がどれだけ魅力的であることを訴えても、受け手であるお客様が価値を感じてくれなければ成立しません。

なぜ、そのお客様はプロダクトを買ってくださったのか。その「行動変化」の理由である「心理変化」を理解しないままでは、大規模なマーケティングによる投資でスケールさせることは不可能なのです。とくに事業規模の大きな大企業ほど、顧客が見えなくなる傾向は顕著です。

一方、新規事業の立ち上げやスタートアップの場合は顧客がゼロからはじまり、１人、また１人と増えていきます。そのため、多くの新規事業の責任者やスタートアップの経営者にはお客様が見えていて、「そのプロダクトのお客様はどんな人か」というイメージを肌感覚として把握していることも多いです。

ところが、そうした経営者の多くも、ビジネスや組織が大きくなっていくにつれて変わることがあります。

社員数がだいたい１００～３００人の規模になってきたあたりから、経営者は大まかに２つのタイプに別れます。

１つは、財務の結果を見ながらも、それまで通り自らお客様にフォーカスし続けて理解しようとする経営者です。

もう1つは、結果としての財務の数字やお客様の数などに焦点をあてて、お客様との距離が離れていく経営者です。

後者の経営者は、急速にお客様が見えなくなっていきます。売上を単に対前年比や対前月比で見るようになり、自社の財務的な結果に関心が移っていきます。組織や人材の管理、資金調達、他業界との折衝や交渉、調整などに時間も意識も奪われるようになるのです。

その分、経営者がお客様と直接会う機会は減り、創業時には自分自身の体験から得ていた「お客様はどういう人か」という感覚も失われていきます。

また、組織が大きくなるにつれて、社員やスタッフもお客様よりも社内に目が向くようになり、社内のルールやプロセスを、そして数々の財務指標を重視するようになっていきます。すると、社内の誰も顧客理解のないまま、意思決定が行われるという事態に陥るのです。

このように、どんな企業も顧客が見えなくなるリスクを抱えています。

「継続的に利益をもたらす顧客」と「一過性の顧客」

ビジネスを行ううえでとくに重要なのは、「継続的に利益をもたらす顧客」と「一過性の顧客」とを区別し、両者の違いを検証することです。

よくプロダクトを買ってくださる人と、プロダクトを買っていたのに途中から離れてしまった人、あるいは、プロダクトを知ってはいるけれども買ったことのない人を比べ、そこにどんな差異があるかを把握することが重要です。

その違いとは次のようなものです。

・顕在ニーズ・潜在ニーズの違い
・その結果としての行動の違い

こうした違いを見ずに一過性の売上を追い求めるようになると、継続的な売上と利益をもたらす顧客層を拡大することができなくなり、長期的に持続する利益を上げることが難しくなります。

単に「PV（ページビュー）を上げるにはどうしたらいいか」「課金率を上げるには、どうしたらいいのか」「売上を達成するためにはどうしたらいいか」といったことばかり考えていると、お客様はそれらを達成するための「ただの数字の塊（マス）」になってしまうのです。

それよりも、「何が1人のお客様の心を動かし、何がそのお客様にその行動を起こさせているのか」を洞察する習慣を普段からつけることが重要です。

お客様というのは、必ず何らかのきっかけがあって購入したり、使用したりしています。何らかの心理の変化があって「この商品を買ってみよう」、あるいは「もう買うのをやめよう」という行動に移るのです。そうした心理やその変化を精度高く理解することが重要です。

たとえば、デジタルマーケティングでは当たり前になっている「ABテスト」でも、Aの成果が上がったから単にAに施策を寄せるのではなく、「なぜお客様はAを選んだのか」「なぜBは選ばれなかったのか」を深く洞察することによって、Aよりはるかに成果が高いXという案が生まれる可能性が広がるのです。Xという案を追求しない「ABテスト」は、ほどなく行き詰まります。

お客様の心理を分析し、何に価値を見出したのかがわかるようになれば、客数、単価、購入頻度それぞれの上昇というかたちで必ず結果が出てきます。

塊であるマーケット全体をセグメントすると、最小単位は「N1」

マーケティング担当者は、日々どうすれば売上や利益が上がるか、また顧客をどう増やすかについて頭を悩ませています。

Ｎ１分析

認知形成・顧客化・ロイヤル顧客化への
４Ｗ１Ｈと心理の理解（※後述）

平均値でも
架空でもない

しかし、たくさんの人が集まってディスカッションをしていても、良いアイデアが出ないことも多いです。なぜなら、ブレストで想定している顧客像に具体性がないため、どこかで見聞きしたようなものや、逆に奇抜なだけのものなど、商品の提案としても広告の訴求としても実現性や具体性に欠ける案ばかりになりやすいからです。

マーケティングで機能する強いアイデアを導き出すためには、実在する1人のお客様に焦点をあて、その人の詳細を深く理解することが重要です。

マーケット全体をセグメントすれば、意味ある最小単位は「N1」です。統計学で言う母集団の1サンプルではなく、名前のある実在する個別のお客様です。

人の行動は心の動きや深層心理の変化などに左右されますが、具体的に「N1」を設定するからこそ、具体的なアイデアにつなげられるのです。それはデータや数字を見ているだけではわかりません。はじめてプロダクトの便益を認知したときの心の動き、あるいはリピートしたときのきっかけを「N1分析」で見つけ、顧客戦略の起点にするのです。

しかし、1人に絞り込むことに対して不安を感じる人もいます。「N1分析」を実践するうえで大きな障害となるのが、「ニッチ過ぎて、市場が狭くなるのでは」「1人に焦点をあてると、スケールしないのでは」といった懸念です。たくさんの人に買っていただきたいのに、「たった1人」にこだわると言われれば、不安になる気持ちもわかります。

そこで、対象をあえて絞り込む意義と必要性について説明します。

たとえば、誰かにプレゼントを贈るときの例で考えてみましょう。

次の3つの選択肢のうち最も喜んでもらえる自信があるのは、どのケースでしょうか?

1 あなたのお子様、パートナーのいずれか1人
2 あなたの同僚10人
3 4年制大学の学部を卒業し、現在、首都圏に居住する年収400万~500万円の独身女性

1は、誰にとっても明らかにほかの2つより成功する確率が高いのではないでしょうか。普段からよく知っている具体的な特定の一個人であれば、趣味や嗜好、生活態度、価値観、持ち物、興味

の対象を考えることで、本人が喜んでくれるプレゼントを選べる可能性が高くなります。

一方、2の職場の同僚10人の場合、それぞれに年齢や性別、嗜好などが異なる10人が全員喜ぶプレゼントを選ぶのは難しく、結果的に無難なものを選ぶことになります。

さらに、3の自分が直接知らない概念上の複数人となると、どんなプレゼントを喜ぶのかを想像するのは至難の業です。多くの企業で実際に行われているのは、こうした万人向けの粒度の粗い平均値・合計値を対象にした「マス思考」のマーケティングです。

マーケティングを考えるうえでも、1000人の平均値を起点とするより、「N1」を起点とするほうがはるかに成功率が高くなります。その人自身だけを見て、その人自身が喜んでくれるもの、買ってくれるもの、ハッピーになるものを考え抜くというところから視点がブレなければ、必ず見つかります。

人間の購入行動には必ず何らかのきっかけやニーズがあり、「N1分析」ではインタビューによってお客様1人ひとりの趣味や嗜好、生活態度、価値観、持ち物、興味の対象などを知ると同時に、購入行動を左右している根本的な理由を探っていきます。

多くの場合、お客様自身もその理由を明確には意識しておらず、単に「その理由は何ですか？」と聞かれても答えられません。それは、非合理的な感情的、情緒的な理由かもしれません。

だからこそ、「プロダクトに便益を感じて購入した際の重要なきっかけ」、さらに「ロイヤル顧客

マーケティングの最適解

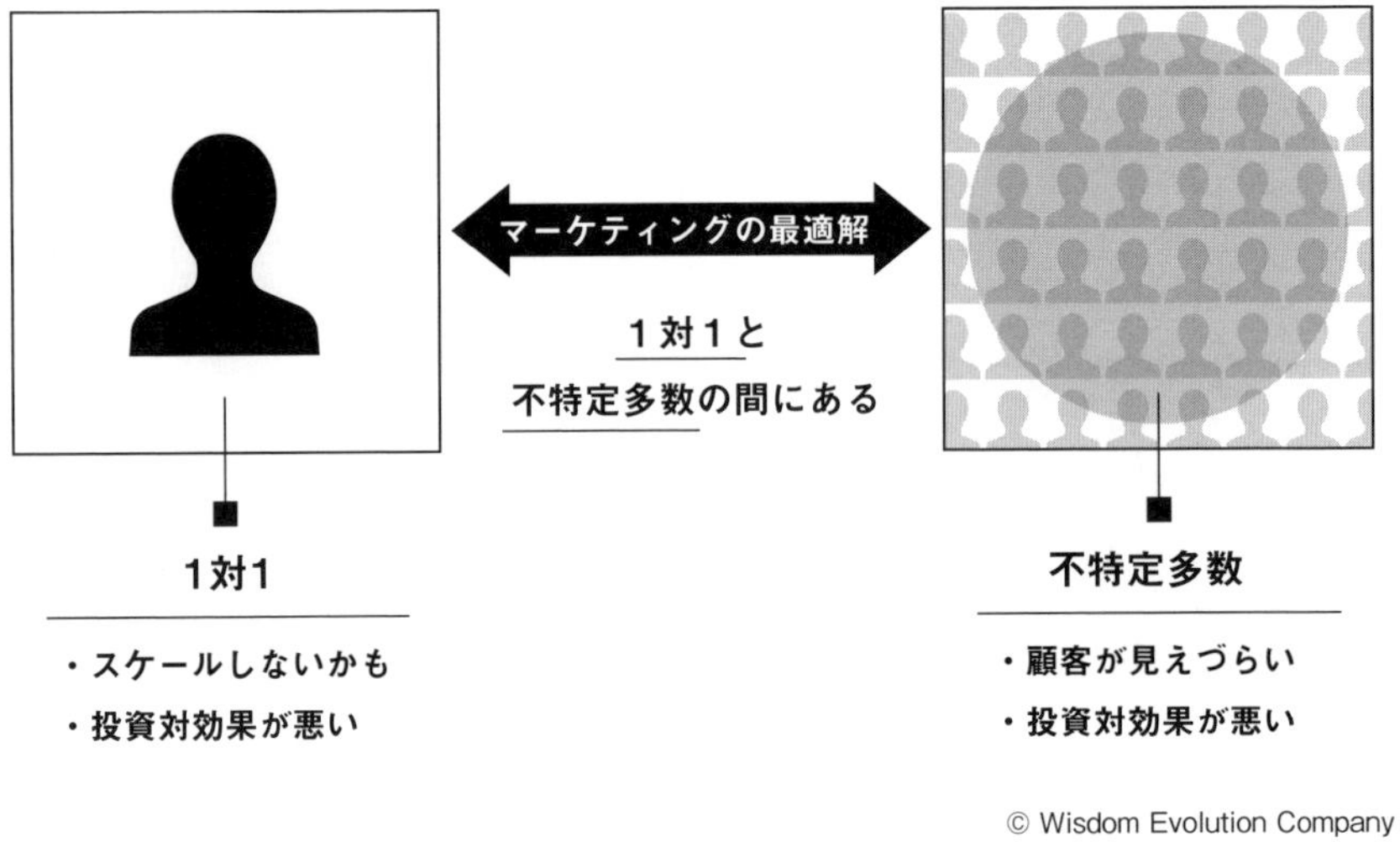
マーケティングの最適解
1対1と
不特定多数の間にある
1対1
・スケールしないかも
・投資対効果が悪い
不特定多数
・顧客が見えづらい
・投資対効果が悪い
© Wisdom Evolution Company

化した重要なきっかけが何だったのか」などを、マーケターがさまざまな角度から聞き出し、深掘りして分析する必要があります。

このように、「N1分析」では、まず実在する具体的なお客様1人にフォーカスをあて、その人が必ず買ってくれる、あるいは必ず喜んでくれるものを考え抜きます。

その後、その1人と同じような趣味や嗜好、生活態度、価値観、興味などを持つ人はどんな人なのかを探り、拡大していくためのアイデアを見つけ、スケールしていくのです。

最初から大勢の人が必ず買ってくれる、必ず喜んでくれるものを考えるのではなく、誰か特定の1人が価値を見出すプロダクトを考え、その後、同じような人を見つけて拡大していくということです。

考えてみれば、これまで私たちの生活を支えてきた有名なプロダクトは、はじめは「誰か特定の１人」を喜ばせるため、あるいは便利になってもらうためのニッチからスタートしています。

１９８０年代に大ヒットしたソニーの「ウォークマン」も、創業者の井深大《いぶかまさる》氏が海外出張の際に小型のステレオ録音機を持ち歩くのは大変だから、小型の音楽再生機が欲しいというニーズを開発陣に訴えたことから開発がはじまっています。その井深氏のニーズがほかの人にもあてはまると感じた盛田昭夫氏が商品化に踏み切ったところ、発売直後から品切れが続出するほどの売れ行きになりました。

ほかにも、本田宗一郎氏がバイクをつくったように、「誰か特定の１人」がそれをつくった本人であることもあります。

「自分が欲しいからつくった」「自分が必要だと思うからつくった」というエピソードは、製品開発の舞台裏を描いた記事などでもよく見られるように、すべての成功しているプロダクトは必ず１人のニッチからスタートしています。

Apple Computer 創業から上場も「N１」が起点

今や世界一のブランドである Apple の創業時のエピソードをもとに、「N１」の洞察がどのような差異を生むかを一例として紹介します。

Apple Computer（現在の Apple Inc.）は、スティーブ・ジョブズ（当時16歳）とスティーブ・ウォズニアック（当時21歳）が１９７１年に出会ったことをきっかけとして、１９７７年に共同創業しました。創業から１９８０年の株式市場上場までの急成長を支えたのは「Apple II」というパーソナルコンピュータで、これはすべてウォズニアックが設計してつくったものです。

当時は、コンピュータは企業向けの高価な電子機械でしかなかったのですが、その中で、「Apple II」はカラーグラフィックスを備えた最初のパーソナルコンピュータであり、一般家庭でも使いやすい設計でした。これにより Apple は急速に成長し、パーソナルコンピュータ市場での地位を確立しました。

ウォズニアックは、コンピュータマニアであり、キーボードもモニターもない単なるコンピュータの基盤（後に「Apple I」として販売）を自主開発し、それを無償で公開していました。そこにジョブズが注目してビジネス化し、さらに、ウォズニアックがそのさらなる進化版として「Apple II」を誰でも使えるキーボード付き製品として仕上げて、急成長を遂げ、わずか3年での株式上場を実現しました。

じつは、当時、ウォズニアックはヒューレット・パッカード（ＨＰ社）の正社員で、「Apple I」となった基盤づくりも、画期的な「Apple II」も自分の趣味的な副業としてジョブズとつくっていました。ウォズニアックは、これらを会社に隠すことなく、「Apple I」の基盤も、「Apple II」のアイデアもＨＰ社の上司に報告していたのですが、ＨＰ社は、それらをプロジェクト化することはありませんでした。

一方で、ジョブズは、ウォズニアックの技術にマニアでなくても個人が楽しめるまったく新しい「便益＝パーソナルコンピュータの可能性」を洞察していました。当時の記録を見れば、ジョブズ自身が欲しいものを実現していることがわかります。

このように、Apple の創業から現在までの歴史は、ビジネスに関する学習の宝庫ですが、一貫して、「Ｎ１」の起点があり、「Apple I」と「Apple II」はその出発点です。まだ世の中に存在しない便益を求めるジョブズ自身が「Ｎ１」であり、ウォズニアックの独自の技術から、これまでになかった独自便益を提供する「何か」を洞察し続ける、「Ｎ１」の起点となったのです。

逆に、いわゆるマスの市場分析からスタートしたプロダクトというのは、結局、独自性が弱く、一般的な便益での価格競争に陥ってしまうのです。

「N1」まで絞り込むからこそ、強い独自性と便益のあるプロダクトアイデアを生み出せるのです。1人にフォーカスすることによって、ほかの人にも響く強いアイデアのヒントが得られるということです。

「演繹的発想のマスマーケティング」と「帰納的発想のN1分析」の違い

これまで見てきたように、大きな市場でマスな競争を仕掛けるマスマーケティングは既存の理論や仮説に基づいて結論を導き、施策に反映します。これは、思考法で言えば「演繹的発想」にあたります。

一方、「N1分析」は、具体的な事例や個別ケースを観察した結果、あるパターンを見出し、そこから有効なアイデアを導き出す「帰納的発想」と言えます。

この帰納的なアプローチでは、潜在顧客を発見し、獲得し、拡大していくことを目指します。

マーケティングにおける演繹的方法と帰納的方法は、問題解決や理論構築においてまったく異なるアプローチをとりますが、マーケティング戦略の策定においてはお互いに補完的な役割を果たすため、状況に応じて適切に使い分けることが求められます。

たとえば、帰納的アプローチで新たな視点や仮説を発見し、それを演繹的アプローチで検証することによって、より確かな結論に到達することができます。

それぞれのアプローチの違いを簡単にまとめると、次のようになります。

演繹的方法（Deductive Method）

演繹的方法は、既存の理論や法則から特定の結論や予測を導き出すものです。理論や仮説が先にあり、それをもとに具体的な事例を分析し、理論の正しさを検証します。

この方法は理論の検証や論理的な問題解決に有効なので、たとえば経済理論に基づいて将来の市場の動向を予測する場合などに用いられています。

利点

- 既存の理論や法則に基づいて仮説を立て、それを検証するため、論理的な強度が高くなる
- 確立された理論から導き出される結論は、強い説得力を持つ

欠点

・既存の知識や理論に依存しているため、新しい領域の探索には制限があるなど、新しい可能性の生成には不向き
・仮説の設定に偏りがあった場合、誤った方向へ導かれることがある。はじめの仮説が誤っている場合は、その後の結果も誤ったものになるリスクがある

事例1

あるエレクトロニクス企業が新しいスマートフォンの市場への投入を計画しているとします。この企業は消費者の技術製品に対する既存の主な便益や機能の期待をもとに市場をセグメントし、それぞれのニーズを予測し（仮説の設定）、具体的な製品開発の計画を立てます。

たとえば、すでに確立された「消費者は大画面のスマートフォンを好む」というニーズに基づいて、「新製品はこれまで以上の大画面を特徴とする」といった案を立てます。

この案を市場調査によって検証し、試作品が良い反応を得られれば、製品開発を進めていきます。

事例2

ある製薬会社が新しい医薬品の効果を推定する場合、既存の医学理論や前臨床試験のデータをも

とにして患者群に対する効果を演繹的に予測します。

「特定の成分が炎症を軽減する」という既知の理論があるとしたら、「その成分を含む新薬が特定の疾患に有効である」という考えに基づいて臨床試験を設計し正確性を検証します。

帰納的方法（Inductive Method）

帰納的アプローチは、具体的な個別ケースの観察から一般的な法則や理論を導く方法です。個別の事例が先にあり、それらからパターンや傾向を見出し、一般的な結論や理論を形成します。

このアプローチは、新しい理論をつくる際や未知の可能性の発見に有効です。

たとえば、市場調査を通じて消費者の行動パターンを観察し、そのデータから今後の市場の可能性を予測する場合などです。

利点

・新しいデータや情報に基づいて理論を形成するため、創造的な思考と新しい発見につながりやすくなる

・実際の観察に基づいて理論を構築するため、現実世界の動向や変化をとらえる際に有効

欠点

・限られたデータから広範な一般化を行うことにより、誤った結論に導かれるリスクもある
・マーケター（分析者）の主観が、データの解釈に影響を与える可能性がある

事例1

あるファッションブランドが新しい市場のトレンドを探るために、ＳＮＳや店舗での顧客の個別の情報や反応をそれぞれに分析します（具体的観察）。これらの個別の情報から、顧客の好みに関する独特なパターンを抽出します（パターンの識別）。

複数の個人のＳＮＳの情報や店舗で得られたコメントから特定のカラーのトレンドが顕著に好まれる傾向が見られれば、その色を中心に新しいコレクションを展開するという方策をとることができます。

事例 2

小売業者が、個別店舗での顧客の購入履歴を詳細に分析し、店舗ごと、地域ごとの商品需要のパターンを見つけ出します。

たとえば、個別の店舗で特定の時間帯に特定の商品群の売上が著しく増加していることが観察されれば、その情報をもとに、時間帯別のプロモーションを計画します。

以上、大まかに演繹的発想のマーケティングと、帰納的発想の「Ｎ１分析」のアプローチの違いをまとめました。統計的分析や一般的なマーケティング理論のほとんどは演繹的であることを意識して、帰納法である「Ｎ１分析」を区別し活用してください。

Point

・顧客の心理や変化を把握しないマーケティングは、部分最適の連続から、しだいに縮小均衡に陥る

・どんな企業も顧客が見えなくなるリスクを抱えている

・マーケティングで機能するアイデアを導き出すためには、実在する1人に焦点をあて、その人の詳細を深く理解すること

・世の中に広く浸透しているプロダクトは、もともとは「誰か特定の1人」を喜ばせるため、あるいは便利になってもらうためのニッチなニーズからはじまっている

・「N1」まで絞り込むからこそ、ほかの人にも響く強いアイデアのヒントが得られる

・帰納的アプローチの「N1分析」では新たな視点を発見できる。一方、マーケティング理論のほとんどは演繹的アプローチである

「N1分析」の基本――「顧客戦略」を考える

「顧客ピラミッド」で顧客構造を理解する

ここまでは、「N1分析」とは何か、なぜ必要なのかを見てきました。

ここからは「N1分析」の基本的なフレームワークとなる「5segs（ファイブセグズ）」「9segs（ナインセグズ）」「ストラテジーマップ」などをもとに、顧客戦略について説明していきます。

「N1分析」は、顧客1人ひとりを「N1インタビュー」によって深掘りし、顧客ニーズを洞察していきます。その際の「N1」は誰でも良いわけではありません。

「N1分析」を成功させるために重要なのは、「どの1人を掘り下げるのか」という選定です。1人にインタビューを行う前に顧客全体の構造を理解し、全体をいくつかのセグメントに分類し、誰に

「顧客ピラミッド（5segs）」

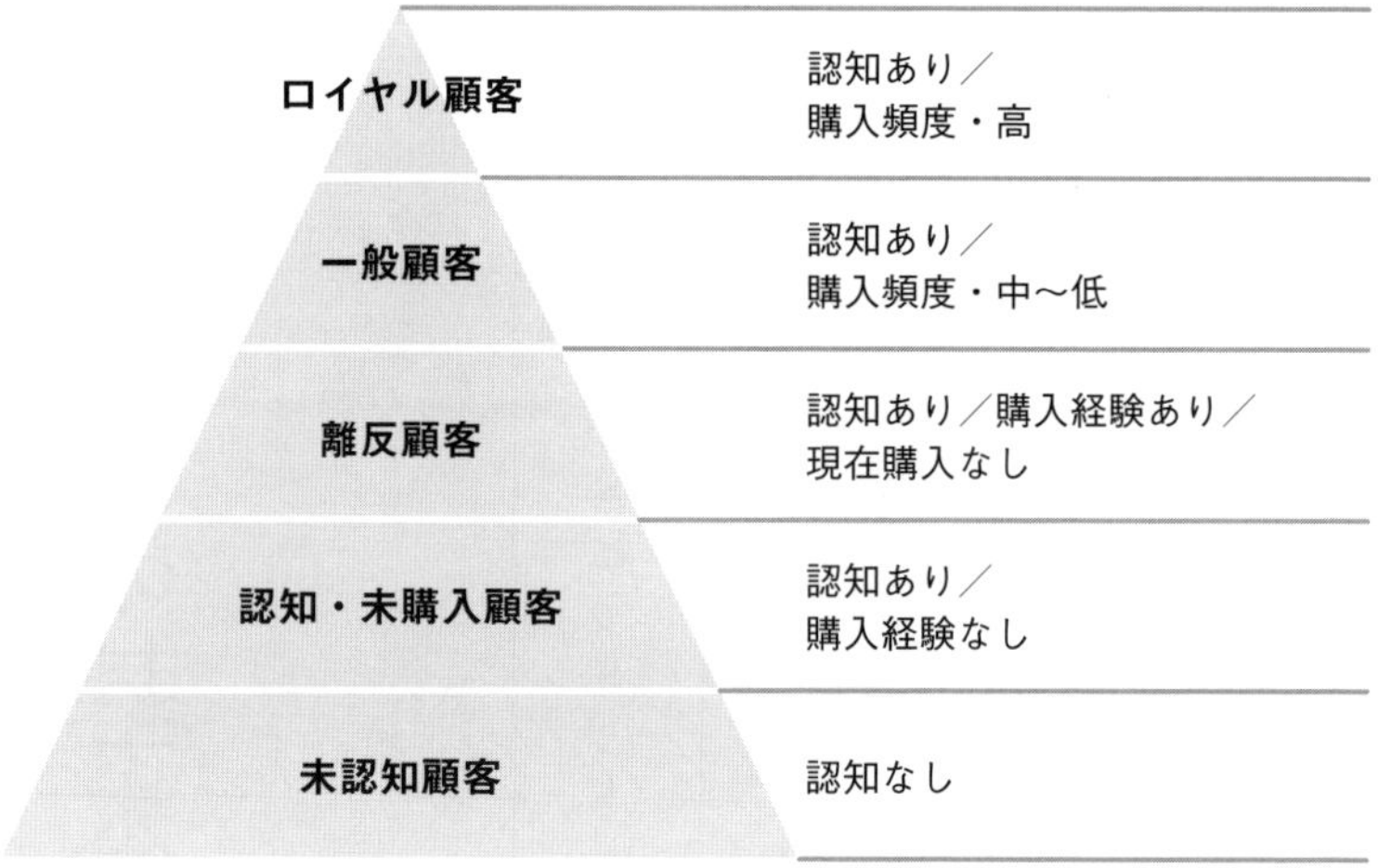

© Wisdom Evolution Company

話を聞くかを決める必要があります。

企業やブランドによってさまざまな顧客の分類が行われており、筆者もこれまで多様なフレームワークを試してきましたが、最もシンプルで汎用性が高いのが「5segs（ファイブセグズ）」です。

「5segs」は、自社や競合のプロダクトの顧客を「認知・購入経験・購入頻度」の指標で5つに分類したものです。

マーケティングの投資対象である潜在顧客層をはじめターゲット全体を包括的にとらえているので、現在の顧客だけでなく、離反顧客や、認知はしているものの一度も買ったことがない未購入者、未認知者も含みます。

これはインターネットの量的調査などを使うことでも作成でき、その調査では次の3つの設問を用意します。

1 このブランドを知っているかどうか（認知）

2 これまで買ったことがあるかどうか（購入）

3 どれくらいの頻度で購入しているか
（毎日、毎月、3カ月に1回、最近は買っていない……などの購入頻度）

そして、次ページの図のように、アンケートの対象者に1、2、3の順で質問をしていくと、前ページのような「顧客ピラミッド（5segs）」を作成することができます。

このとき、購入頻度の基準は、プロダクトごとに異なるので、自分たちで切り口を決めてしまって構いません。

たとえば、毎日使ったときに2、3カ月程度で使い切るシャンプーであれば、仮に年に3回以上買っている方を「ロイヤル顧客」とすると、年2回以下の方は「一般顧客」となります。

自動車であれば、平均的な購入サイクルが8年から9年なので、たとえば以前乗っていた車種と

||「顧客ピラミッド（5segs）」作成のための調査ツリー

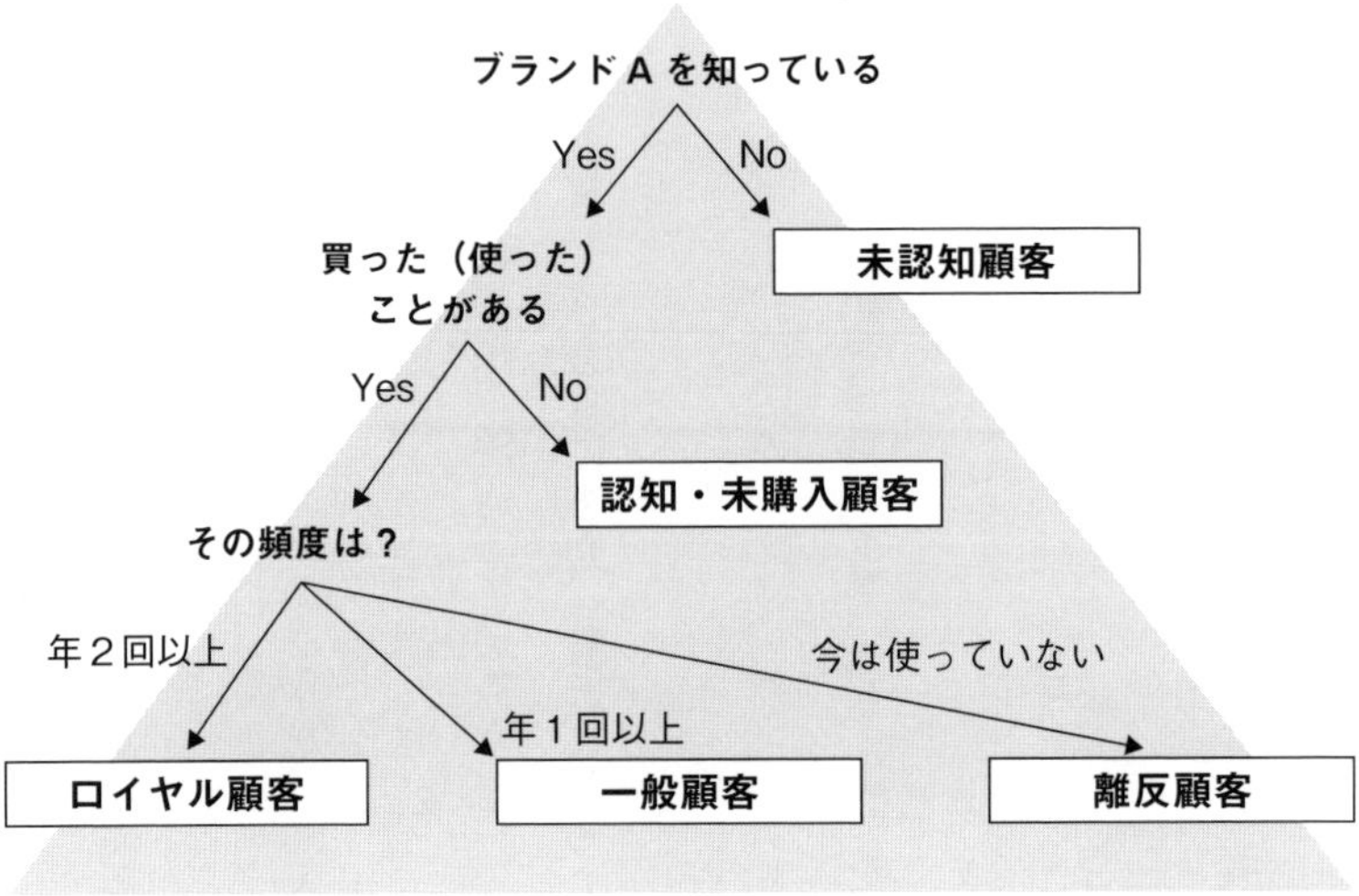

© Wisdom Evolution Company

今乗っている車種が同じ場合は「ロイヤル顧客」と定義するなら、以前は違うメーカーの車で今は自社の車に乗っている人は「一般顧客」とします。

また、ＰＯＳデータや売上データを見れば、継続率と購入頻度の最も高いお客様（ロイヤル顧客）を見つけることができます。

Ｄ２Ｃ（Direct to Consumer／顧客に直接商品を販売するビジネスモデル）などの直販事業をしている企業であれば、購入データをもとに、より精緻にロイヤル層、離反層、一般層に分類することも可能です。

「9segs」で顧客の実態を知る

さらに詳細に顧客の実態を分析する場合は、この5つのセグメントに「次回購入意向（NPI）」の項目を加えます。

たとえば、自社ブランドのロイヤル顧客層に「次回購入意向」の調査をすると、自社ブランドを選ばない顧客も存在することがわかります。自社ブランドを大量に買ってくれているロイヤル顧客であっても、必ずしも次回もロイヤル顧客になるとは限りません。

今は繰り返し購入してくださっているお客様も、単に店舗の利便性がいいから購入してくださっているだけで、もっと近くに店舗ができればそちらに移るかもしれません。あるいは、2つの店舗を場合によって使い分けるかもしれません。

実際には、どの分野においても常に1つのブランドだけを買い続けている消費者はほとんどおらず、多くの場合、複数のブランドを利用しています。

購入頻度だけでなく、「次も買いたいと思うか」の質問を加えると、「ロイヤル顧客」の中にも「次回購入意向」のある「積極ロイヤル顧客」と、次回購入意向のない「消極ロイヤル顧客」が混在していることがわかります。

9segs

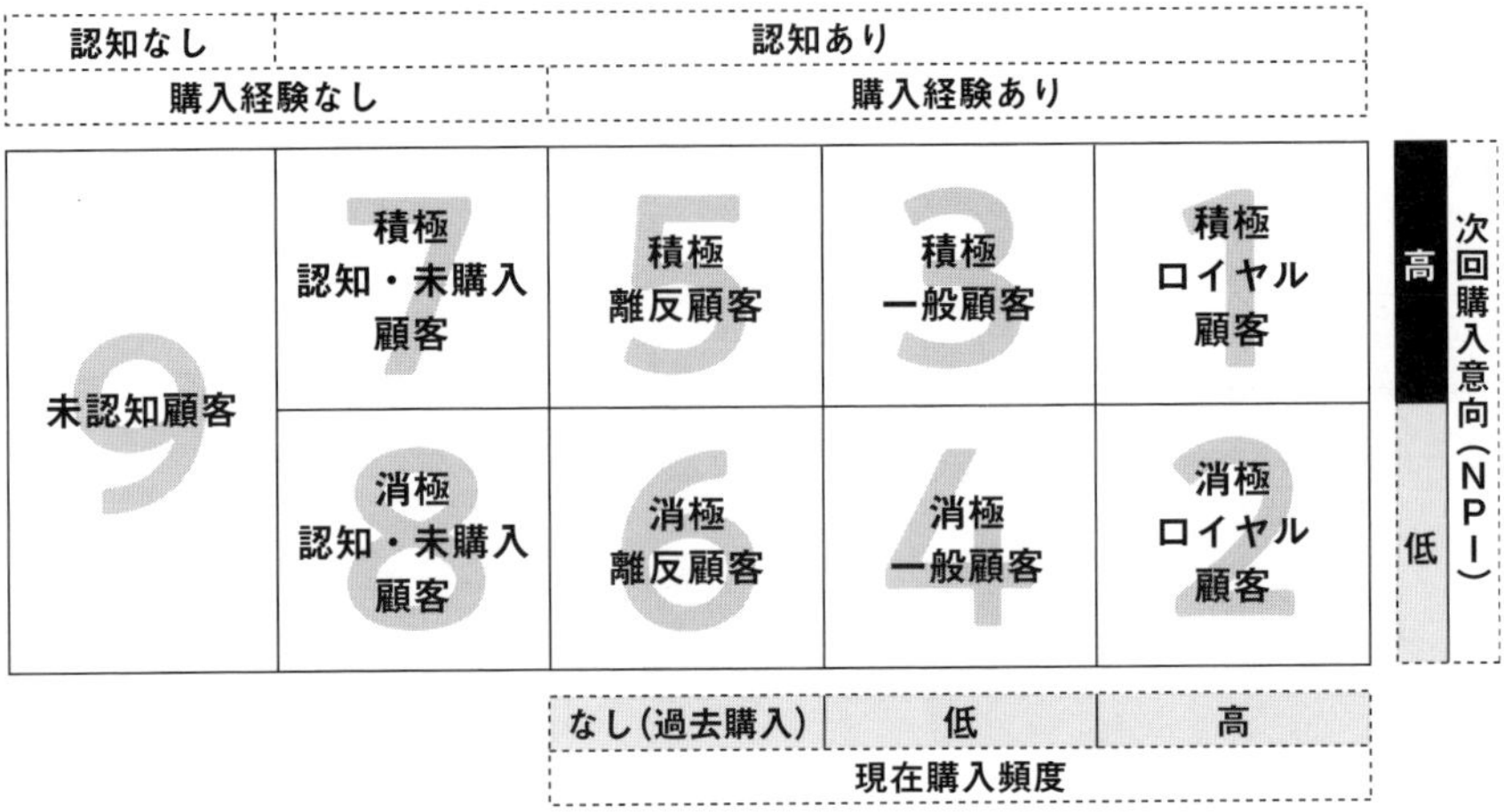

© Wisdom Evolution Company

先の「顧客ピラミッド」に、この「次回購入意向（NPI）」の質問を加えて分類したのが「9segs（ナインセグズ）」（上図）です。

「5segs」の「ロイヤル顧客」「一般顧客」「離反顧客」「認知・未購入顧客」の4層を「次回購入意向（NPI）」の有無で8つに分類します。そこに未認知顧客を足して、9つになります。

9番目の「未認知」以外の奇数のセグメントはブランドへのロイヤリティが高く、偶数のセグメントは離反する可能性が高くロイヤリティが低いと言えます。

9つの顧客層のうち、継続的に売上と利益に貢献していただける最も重要な顧客層は「積極ロイヤル（seg1）」です。

高頻度で購入していて、しかも今後も買いたいと思っている人は、この製品やサービスに対して必ず何らかの強い便益と独自性を見出しています。その理由は言語化されていない可能性もありますが、「N1分析」で掘り下げることによって見つけていきます。

そこで、「N1インタビュー」で最初に話をうかがうべきは、「積極ロイヤル」のお客様になります。

4象限をもとに便益と独自性のある「価値」をつくり続ける

「N1インタビュー」では、自分たちだけでは思いもよらなかったアイデアのヒントを得られることも少なくありません。具体的に実在する誰か1人の行動や心理をインタビューで掘り下げ、その人の心が動いたポイント（驚きや喜び）や潜在ニーズを探っていきます。

そして、プロダクトの便益と独自性（ＷＨＡＴ）に、価値を感じている人（ＷＨＯ）の組み合わせを複数パターン見つけ出し、「ロイヤル顧客」として効率的に取り込むために有効な、再現性のあるマーケティング施策（ＨＯＷ）を考えます。

前に触れたように、「便益」とは「便利・おいしい・楽しい」などの顧客が得る具体的な利益、利便性、快楽などを指します。顧客が自社のプロダクトを選ぶ理由です。

アイデア【WHAT】 便益＋独自性とは？

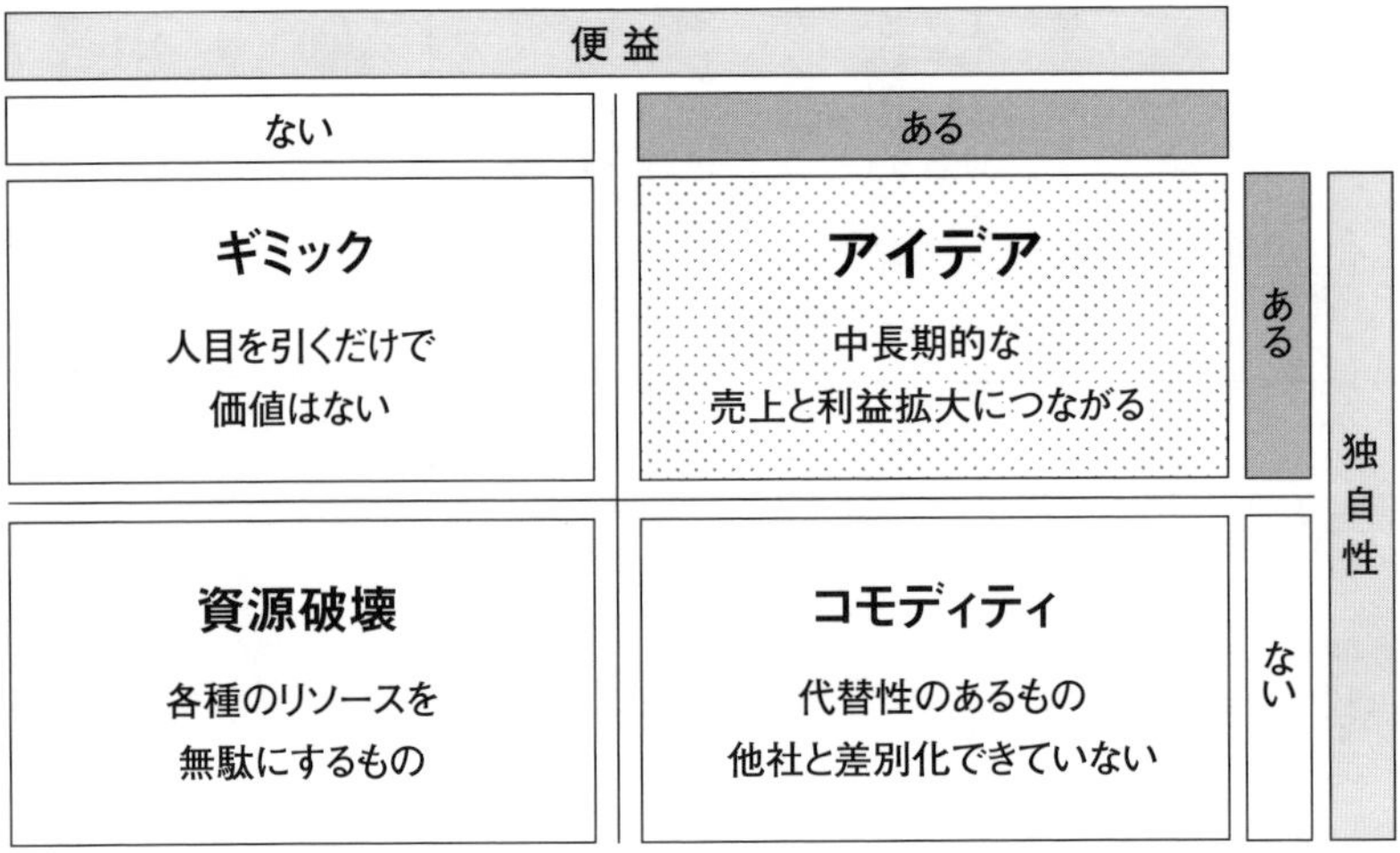

© Wisdom Evolution Company

一方、「独自性」とは、競合や代替品にはない、そのプロダクトならではの唯一無二の要素です。ほかの競合品や代替品では替えの利かない理由と言えます。顧客がほかの選択肢を選ばない理由です。

この「便益」と「独自性」の両方を兼ね備えたものを、顧客がお金を払ってでも手に入れたい「価値」を見出す可能性がある「アイデア」と定義しています。そのプロダクトの中長期的な売上と利益拡大につながるものです。

それぞれの有無は、上のような4象限の図で表すことができます。

便益があっても、独自性のないものは「コモディティ」となり、価格競争が激しくなっていきます。

便益がなく、たとえばパッケージが奇抜で人目を引くなどしても便益に結び付かない独自性がある場合は一過性の「ギミック」で終わります。物珍しさから一度は購入しても、便益がなければ継続して買うことはありません。

便益も独自性もないものは、開発に時間やコストをかけたうえで誰にも何の価値ももたらさない「資源破壊」となります。

便益と独自性が両方とも強ければメディアや口コミを介して自然に広がっていくこともあります。そのため、この両方を磨き上げることが価値をつくるうえで非常に重要になります。

しかし、便益や独自性を見つけるのは簡単なことではありません。それがわかれば結果につながりやすいですが、すぐにはわからないから、手段や手法（ＨＯＷ）に逃げるケースが多いのです。

なぜ売れないのかわからない、誰が買ってくれるかもわからないので、とりあえずデジタルマーケティングをはじめてみる、展示会を開いてみる、営業を強化してみる、新商品として青いバージョンと赤いバージョンをつくってみる……というようなことになってしまいます。人間にとって何もしない状況というのは非常に不安な状態なので、とにかく何か行動しようとするのです。

しかし、とりあえず行動に移る前に、便益と独自性、そして顧客が誰かを見つけられなければ、その先は運任せになりがちです。

有名な経営学者であるピーター・ドラッカー氏の著書に、こんな言葉があります。

「顧客は誰か」との問いこそ、個々の企業の使命を定義するうえで、最も重要な問いである。やさしい問いではない。まして答えのわかりきった問いではない。しかるに、この問いに対する答えによって、企業が自らをどう定義するかがほぼ決まってくる。
（『マネジメント　基本と原則』P・F・ドラッカー 著／上田惇生 訳／ダイヤモンド社）

まさに「顧客は誰か」を知ることが重要だとドラッカー氏も指摘しているわけですが、顧客が誰かがわかれば、ビジネスはそれほど難しくはありません。筆者もいまだに毎日悩むポイントですが、これが見つかれば、その後の工程は非常にスムーズになります。

結局、経営もビジネスも、そのすべてがＷＨＯ（顧客）とＷＨＡＴ（便益と独自性）に紐付いているということです。その組み合わせを見出せれば、買って（使って）いただけるために何をすればいいのかというプロダクトのアイデアや、どう訴えればいいのかというコミュニケーションのアイデアを生み出すことができるようになります。

そのようなアイデアを見つけ出すために行うのが「Ｎ１分析」なのです。

「ストラテジーマップ」で顧客戦略を把握する

こうした顧客戦略を把握するときに役立つのが、「ストラテジーマップ」（次ページの図）です。マーケティングはもちろん、ビジネスにおいて施策を実行する際には、この「ストラテジーマップ」を常に確認することで「今、誰に向けて、何をしたらいいのか」が明確になります。

では、「ストラテジーマップ」の使い方を説明します。

1　顧客と価値を定義　ＷＨＯとＷＨＡＴ（顧客戦略）

まず、1のようにＷＨＯとＷＨＡＴを考えることからはじめます。

この段階では仮説でも構いません。自分たちのプロダクトのお客様はどういう人で、その人がお金を払ってでも手に入れたいと思っている便益は何でしょうか？　ほかの代替品を選ばない独自性は何でしょうか？

それらを、「Ｎ１分析」などを行いながら言語化するところからスタートします。

ストラテジーマップ（戦略地図）

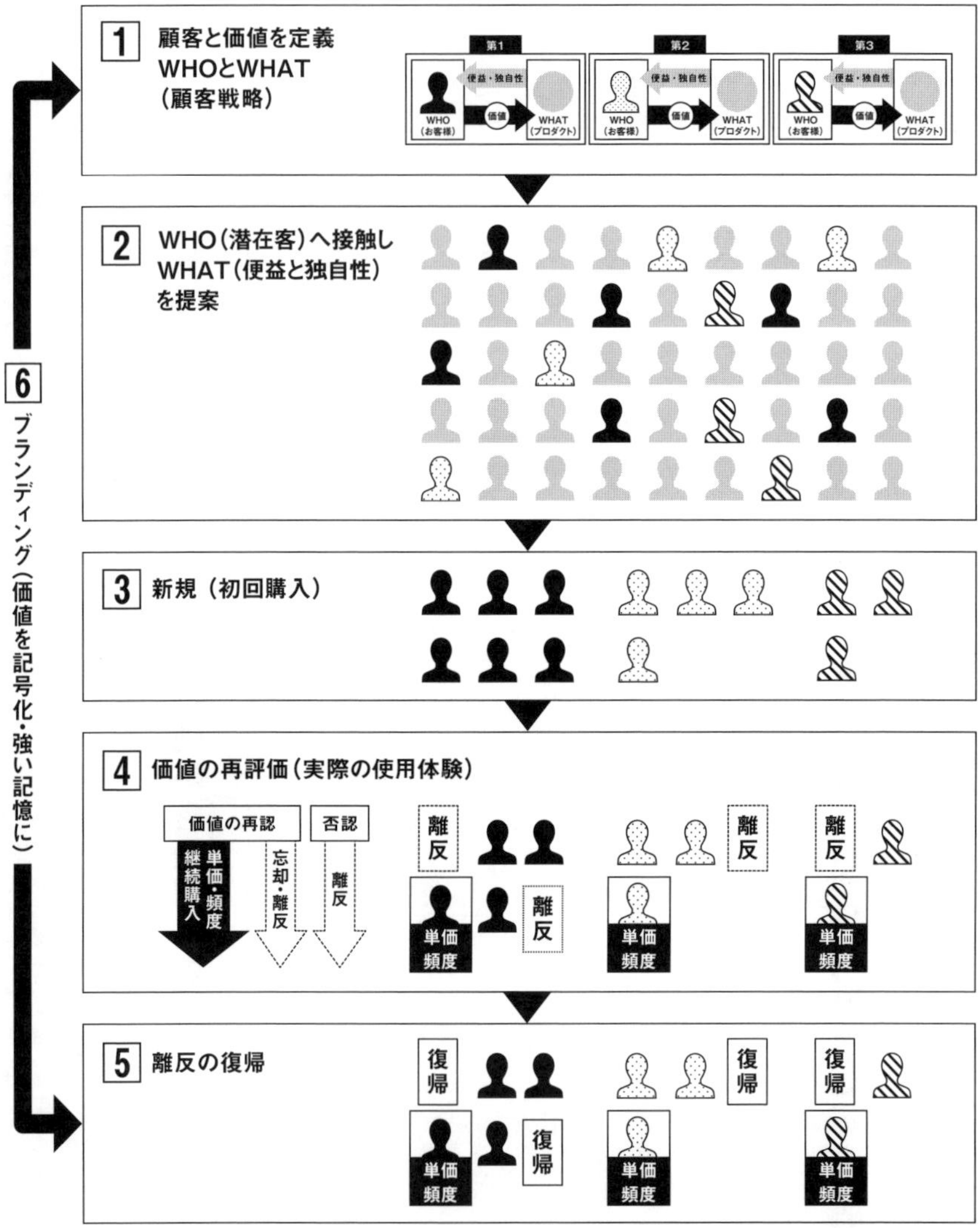

これが1種類しかなければ1種類でも構いませんが、ある程度の事業規模になってくると、WHOとWHATは複数のパターンが成立していることも少なくないので、まずはそれらを考察していきます。

2 WHO（潜在客）へ接触し、WHAT（便益と独自性）を提案

次に行うのは、仮に3種類のWHOとWHATの組み合わせがあるとしたら、第1のWHOとWHATと同じような価値を感じてくれている方はどんな人なのかを明らかにすることです。

第1のWHOとWHATと同じような価値を感じてくれている人には、年齢に共通項があるのか、共通の価値観があるのか、あるいは利用しているメディアで区切れるのか、などをはじめとして探っていきます。

一般にこれは「ターゲッティング」と呼ばれるプロセスです。選定されたターゲット層に対し、便益と独自性（WHAT）を提案することで顧客化することができます。

たとえば、私が携わったスマートニュースのケースで考えてみましょう。

第1のお客様たち（WHO）は、いつでもクーポンを利用できる利便性を評価してくださっている人たちかもしれません。

第2のお客様たち（WHO）は、猫好きで、猫チャンネルを頻繁に利用してくださっている人たちかもしれません。

第3のお客様たち（WHO）は、プロ野球の巨人ファンで、球団チャンネルを好んで利用している人たちかもしれません。

これらの方々それぞれに、どのように接触し、リーチするかを考えます。アプローチする方法は店舗やメディア、あるいは著名人を起用した施策などそれぞれのターゲット層（WHO）ごとに考えられます。

これらの手段を通じてそれぞれのターゲット層が価値を感じる便益と独自性を提案することで、仮説が正しければ新規顧客を獲得することができます。

3 新規（初回購入）

3番目は「新規顧客を増やす」です。2番目までの過程でメディアやチャネルの選択、提案の方法を決めたら、それを実行していきます。

たとえば、新規顧客を増やすためにイベントを実施するケースはよくあります。イベントの場合、そこでプロダクトの便益と独自性が伝わらなければ、「イベントをやって盛り上がりました。以上」で終わってしまいます。世の中で言われているマーケティングやプロモーションというのは、だいたいそのような感じです。

「お客様がいっぱい来られて、すごく盛り上がりました」と報告する担当者に、それによって新規顧客の数が増えたのかを聞くと、あまり変化していないということも多いです。

それは、WHOとWHATを明確にしないままイベントなどの施策を実行していることが原因です。施策を実行する前に、誰に向けて、どんな価値を訴求するのかをしっかり明らかにしておく必要があります。

4 価値の再評価（実際の使用体験）

次は、プロダクトを実際に買って（使って）もらった後の価値の再評価です。

「初回購入」で顧客戦略（WHOとWHAT）が成立したら、それで終わりではなく、お客様は必ず「価値の再評価」を行います。実際にプロダクトを使ってみて、そのプロダクトが本当にその期待通りだったのか、期待外れだったのかという評価をし、次の購入や利用を検討するのです。

たとえば、ある牧場で「生乳100%のおいしいソフトクリーム」という看板を見て、おいしそうだと思って買った人がいるとします。

その人がそれを食べたとき「普通だな」と感じたら、わざわざもう一度買いに来ようとはしないでしょう。これが「離反」です。

食べてみて「なかなかおいしかった」と感じてくださったら、もう一度買うかもしれません。「すごくおいしかった」という人は、「毎週これを食べに来よう」とわざわざ食べにくるかもしれません。これは購入頻度が上がるということです。

もしくは、「もう1つ食べたい」と言って2つ買って食べるかもしれません。これは購入単価が上がるということです。

もしくは、期待した価値とはまったく違ったけれども、違う価値を見つけることもあります。たとえば生乳100%に期待していたけれど、それよりソフトクリームに入っていたバニラビーンズが気に入ることもあるかもしれません。

実際には、「初回購入」の手前でお客様からの再評価を挟むケースもあります。「興味を感じたからランディングページを見てみたら、わかりにくくて買うのをやめた」とか「営業担当の押しが強くて嫌な感じだったからやめた」などのように、「価値の再評価」の手前で失敗してしまうケースもありますが、多くは「初回購入」から「価値の再評価」に移行するという流れをとります。

この4番目の「価値の再評価」は、一般的なマーケティングでは、あまり着目されていませんが、非常に重要な過程です。

そもそも最初に設定したＷＨＯとＷＨＡＴは「初回購入」時から同じかどうか、「価値の再評価」

によって変化していないか、または新たなＷＨＯとＷＨＡＴが成立していないかをしっかり見極めなければいけないということです。

5 離反の復帰

一定の割合のお客様は、残念ながら「価値の再評価」を超えられずに離反していきます。どんなビジネスでも2回目、3回目以降も購入を続ける人は少数で、ほとんどは途中で離反します。

そこで、離反したお客様に戻っていただくために何らかの働きかけをする必要があります。これが、離反したお客様を復帰させる「離反の復帰」の過程です。

たとえば、ソフトクリームの商品の改良を続けておいしくなっていれば、離反していたお客様も戻ってくるかもしれません。

もしくは、「ソフトクリームの中に入っているバニラビーンズがおいしかった」という声があれば、「生乳１００％」の提案から「バニラビーンズの粒感たっぷりのソフトクリーム」という提案に変えてみると、「それなら食べてみたい」と思うお客様もいるかもしれません。

ですから、最初に想定していたものと別のＷＨＯとＷＨＡＴが見つかったときは、顧客拡大のチャンスと言えます。想定外で見つかった便益と独自性は新たな顧客戦略として可能性を検討し、商品の改良や強化、新たな開発、あるいは訴求方法の見直しにつなげましょう。

6 ブランディング（価値を記号化・強い記憶に）

4番目の「価値の再評価」では、単価や頻度が上がったり、継続購入したりする人がいます。しかし、中には価値を感じたことを忘れてしまうお客様もいます。たとえばソフトクリームを食べたそのときには「おいしい」と思ったけれど、いつの間にか記憶が薄れてしまうケースです。

人間の脳のキャパシティ（記憶する力と想起する力）には限界があるので、「次も食べたい」「次も使いたい」と思っていても、忘れてしまうことがあるのです。これを「忘却離反」と呼んでおり、どんなビジネスでも大きな確率で起こります。

忘れられないようにするのが、6番目の「ブランディング」です。

お客様が商品に価値を感じて購入（利用）し、満足したにもかかわらず忘れてしまうのを防ぐために、特徴的な名前やロゴ、デザイン、色などで覚えていただくのです。お客様が「欲しい」と思う便益と独自性を強い記憶として残すために象徴化したものがブランディングです。

お客様がそのロゴや色を見たときに、「あ、あれがあったな。あれを買おう」と思い出すためにこのブランディングを行い、リマインダーの役割をします。

たとえば、マクドナルドのロゴを見てハンバーガーを食べたくなるとしたら、ブランディングの成果と言えます。逆にマクドナルドが嫌いな人は、あのロゴを見ても食べたいとは思いません。それも反対の意味でブランディングされているということです。

また、ブランディングは再購入だけでなく新規購入にも重要です。魅力的な広告で、何か買いたい商品やサービスを発見しても、象徴化・記憶化されていなければ、「あれは、何だったっけ？」と思い出せず、新規購入につながりません。


以上、「ストラテジーマップ」について説明してきましたが、どんなビジネスであっても、この「ストラテジーマップ」の過程をたどります。

マーケティングの手法や販促方法は、この「ストラテジーマップ」の1から6のどこかに必ず紐付いているはずです。逆に、これから行う施策がこの「ストラテジーマップ」のどこにあたるのかわからない場合は、その実行は思いとどまったほうがいいでしょう。

SNSマーケティングを行うにしても、YouTubeを使って施策を実行するにしても、その施策には必ず目的があり、その目的は特定のWHOとWHATに結び付くものです。

常にこの「ストラテジーマップ」を手元に、今、自分たちはどこにいて、どのお客様を見ているのかを確認してください。そして、そのお客様が見出した価値を実現する、さまざまなHOWの効果と効率を検証し続けます。

「N1分析」を行いながら、WHOとWHATとHOWのPDCAサイクルを高速で回していくことが重要です。

とくにデジタルマーケティングの領域でよく見られるのが、「KPI（重要業績評価指標）」を追うことに忙殺されてしまい、平均値や合計値は見ているけれども、自分たちのお客様が結局どういう方なのかを把握していないというケースです。

売上が上がったと喜んでいるけれど、一過性のお客様ばかりになっているかもしれません。実際のところ、顧客に対する具体的なイメージを持てないまま、仕事に携わっている方が大半ではないかという印象を抱いています。

顧客の具体的なイメージがなければ、マーケティングは「当たるも八卦、当たらぬも八卦」の運任せになってしまうのです。

カスタマーダイナミクス～顧客は常に移り変わっている～

顧客の心理と行動は一定ではなく常に変化していることも忘れてはいけません。

たとえば、コロナ禍とアフターコロナでは人の心理も行動様式も大きく変化しましたし、1年前と今と1年後では欲しいものがまったく違ってくるのは当然です。1時間後、10分後ですら、興味や関心は変わっているはずです。

継続的な利益を上げるためには、繰り返し購入してくださる顧客の存在が重要なことは言うまでもありません。ただし、どんなにそのプロダクトに魅力を感じて購入・利用を続けている顧客でも、いつかは離れていきます。

たとえば、子どもを連れてよく遊園地に行っていた人でも、子どもが大きくなり、自分も歳をとれば行かなくなります。ずっと同じ車種を買って運転していた人も、何らかの理由でその車を買わなくなったり、年齢や環境などによっては車そのものを運転しなくなったりします。引っ越しをすれば、いつも行っていたスーパーには行かなくなります。

外的要因による行動の変化、生活環境の変化、年齢による変化など、さまざまな理由によってロイヤル顧客も必ずいつかは離反するのです。

さきほど触れたように、とくに理由がなくても忘却して離反してしまうこともあります。

人の心理はさまざまな理由で常に変化し、その結果として行動も変わり続けています。マーケットは決して止まることなく、顧客の心理と行動の変化の集合として動き続けているのです。

顧客の動態を常に意識する。そして、自社のプロダクトを継続して支持しているポジティブな顧客の動態を生み出すことが、事業の成長はもとより、企業の利益につながっていきます。

しかし、多くの企業では「マーケットも、人の心理も動いている」という意識は薄く、なんとなくマーケットが固定しているかのような前提で施策立案や投資活動を行っています。

今日までのロイヤル顧客も、明日には競合のプロダクトに乗り換えているかもしれません。それくらいの速さでマーケットや顧客は変わり続けているのに、1、2年前のデータを使って議論をしている組織すらあります。

「顧客は変わり続ける」という事実に無自覚でいることは、中長期的なビジネスの成長を困難にする大きな要因の1つです。

多くの企業で、マーケットが固定されていることが組織構造の前提となっているケースが見られます。継続的に投資対効果を最大化し、利益性の高い経営を行うためには、マーケットを動態でとらえ、その変化に応じて、経営活動そのものを柔軟に変化させ続けることが重要です。

そのためにも定期的にお客様の声を聞き、顧客戦略の見直し（価値の見直しや強化）を図る必要があります。「KGI（重要目標達成指標）」や主要な「KPI（重要業績評価指標）」も、顧客の人数、購入単価、購入頻度などを調べ、顧客の声を聞いて訴求する価値を見直します。

お客様が求める価値は刻々と変わっていくことを前提として、常にアップデートしていく必要があるのです。その意味では、マーケット全体の変化となる前の兆し、つまり、個別の顧客の心理と行動の変化をいち早くとらえるために「N1分析」には終わりはありません。

次章では、「N1分析」を実践し、成果をあげている企業へのインタビューを通して、「N1分析」の具体的な事例をケーススタディとして紹介します。

Point

・「5segs（ファイブセグズ）」や「9segs（ナインセグズ）」で顧客構造をとらえ、自社製品やサービスのロイヤル顧客などを把握する

・「便益」と「独自性」の両方を兼ね備えたものが価値をつくる可能性のある「アイデア」であり、「アイデア」が「価値」となるそのきっかけを見つけ出すのが「Ｎ１分析」

・マーケティングの施策を考えるときは、「ストラテジーマップ」の1から6のどこにいるかを確認しながら行うことが重要（1 顧客と価値を定義、2 ＷＨＯへ接触してＷＨＡＴを提案、3 初回購入、4 価値の再評価、5 離反の復帰、6 ブランディング）

・マーケットは決して止まることなく、個別の顧客の心理と行動の変化の集合として動き続けている「顧客動態（カスタマーダイナミクス）」

第2章

N1分析ケーススタディ

N1 Analysis Case Study

Case Study 1　アサヒビール株式会社

Case Study 2　株式会社アックスヤマザキ

Case Study 3　株式会社シロク

Case Study 4　パナソニック コネクト株式会社

「N１分析」で新市場を開拓。アサヒビールが「顧客起点」のマーケティング改革を断行できた理由

※ 取材日：2024年２月６日

アサヒビール株式会社

戦後最大のヒット商品とも言われた「アサヒスーパードライ」。2022年に発売36年目にして初のフルリニューアルに成功してさらなる売上増につなげたアサヒビールは、それ以外にも「アサヒ生ビール（通称マルエフ）」「アサヒスーパードライ 生ジョッキ缶」「アサヒスーパードライ ドライクリスタル」といった話題の商品を次々と市場に送り出しています。

その躍進を牽引してきた１人が、2023年３月までマーケティング部門の本部長であり、現在は代表取締役社長に就任されている松山一雄氏。P＆G出身のマーケターとして数々の実績を残してきた松山氏は、2018年にアサヒビールに入社して以降、お客様が主役の統合型マーケティングへの変革に取り組んできました。

業界を代表する大企業において、「N１分析」を含む「顧客起点マーケティング」をどのように行い、それによって社内がどう変わったのかをうかがいました。

インタビューイー／松山一雄（まつやま・かずお）氏

アサヒビール代表取締役社長。1960年生まれ、東京都出身。1983年青山学院大学卒業後、同年鹿島建設入社。1987年サトー（現・サトーホールディングス）、1991年ノースウエスタン大学ケロッグ経営大学院（MBA）、1993年P＆Gファーイーストインク（現P＆Gジャパン）、1999年チバビジョン（現・日本アルコン）、2001年サトーホールディングス、2011年10月同社代表取締役社長 兼 CEOを経て、2018年９月アサヒビール専務取締役 兼 専務執行役員マーケティング＆セールス統括本部長に就任。2019年３月同社専務取締役 兼 専務執行役員 マーケティング本部長を歴任し、2023年３月同社代表取締役社長に就任し、現在に至る。

インサイトを制すものがマーケティングを制す

西口　松山さんと私はＰ＆Ｇ時代の同僚でもあり、その手腕に関しては以前から存じておりますが、今回、松山さんにケーススタディのインタビューをお願いしたのは「大企業におけるＮ１分析」についてうかがいたかったからです。一般的に巨大マス市場で競争を行う大企業で「Ｎ１分析」が行われることはまれですが、ビール業界を牽引するアサヒビールは「Ｎ１分析」によってヒット商品を連発し、２０２３年はビール類市場が前年を下回る中で、前年超えを達成しています。

まずは、松山さんが「Ｎ１分析」を含む「顧客起点マーケティング」に大きく舵を切った経緯からうかがいます。

松山　私がアサヒビールに入社したのは２０１８年です。ビール、発泡酒、新ジャンル（第３のビール）を合わせて「ビール類」と言いますが、日本のビール類市場の売上はずっと右肩下がりの状態でした。

一方、入社してからわかったことがあります。アサヒビールでは、日本の主要ビール類ブランドの「おいしさ評価」を銘柄の無提示と提示で評価していただく調査を続けていて、この評価はもう

入社前からわかっていたこと　縮小する日本のビール類市場

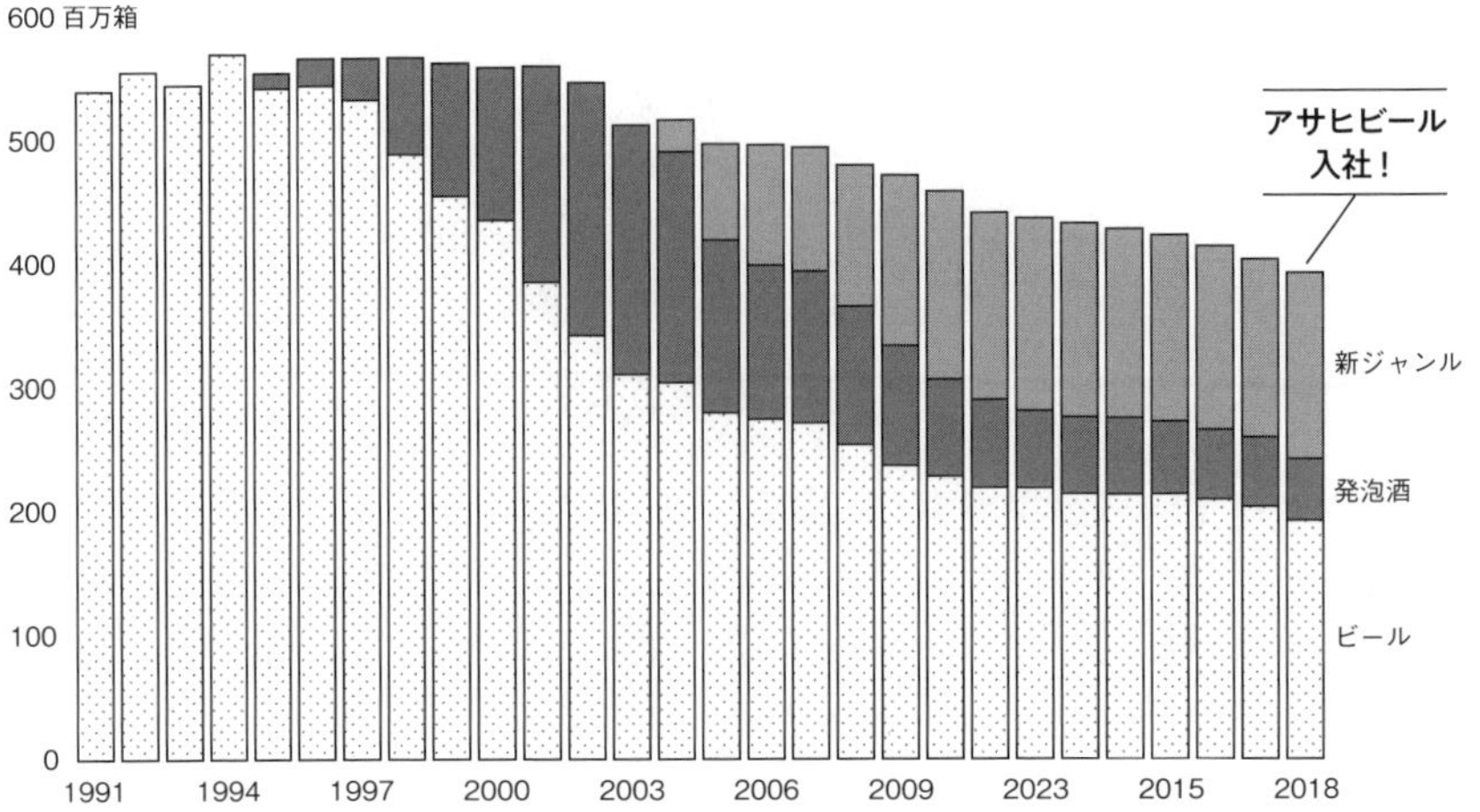

出典：アサヒビールホールディングス株式会社「FACT BOOK 2019」

20年以上、右肩上がりの状態です。つまり、日本のビール類は確実においしくなっているわけです。

ビールの味の評価は上がっているのに、市場が低迷しているということは、単に味がおいしいだけでは消費者の心は動かないということです。

そこで、私がマーケティング&セールス統括本部長として最初に社員に話したのが、「おいしいビールをつくる会社」から「おいしいビールのある、いい人生をつくる会社」に変えていきましょう、という所信表明でした。単に「モノ」をつくって売るのではなく、「おいしいお酒やドリンクがある、いい人生」という「価値」をつくって提供する会社に生まれ変わるということです。

そしてマーケティングの方針を大転換しま

入社してわかったこと 日本のビールは確実においしくなっている

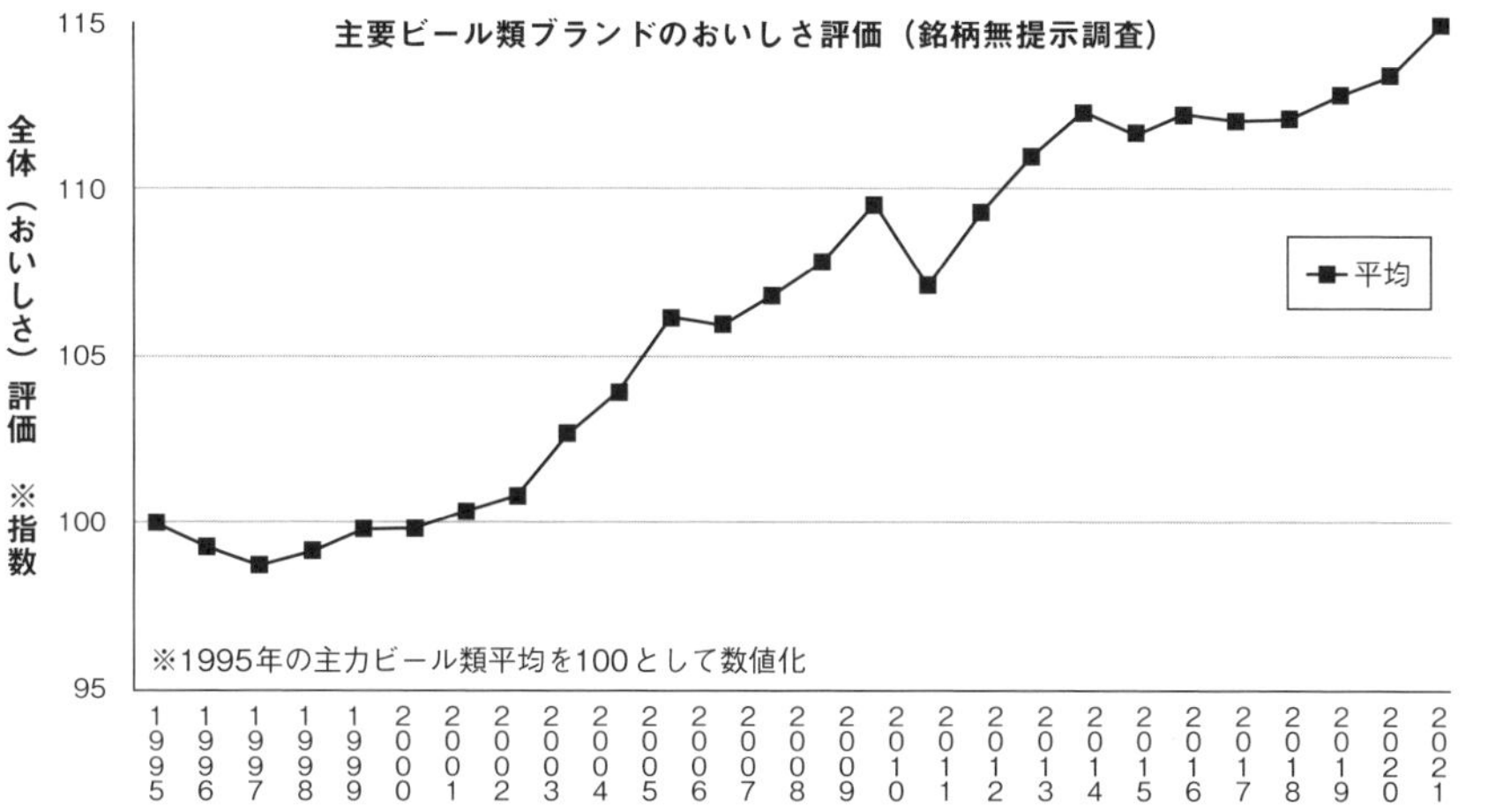

出典：アサヒビール調べ

した。それまで当社では、売りたいもの（自社商品）が真ん中にあって、それを競合に負けずにどう販売していくかに注力していましたが、まず真ん中にお客様を置き、お客様の心を動かすことだけに集中する「顧客起点マーケティング」へと転換したのです。

また、これは当社に限らないことですが、企業で商品を開発したり販売したりする社員というのは四六時中、その商品のことばかり考えているわけです。

一方、消費者はそうではありません。私も大のビール好きですが、入社前は普段の生活の中でビールのことを考える時間というのは1％もなかったと思います。社員にとってビールは常に大きな関心事ですが、消費者にとってはそうではないというのが現実です。

消費者が何を飲むか、何を買うかも、そのときの気分しだいです。

心理学や行動経済学の分野では、人間の脳というのは無意識、直感的、感情的に意思決定を行う「システム1」と、意識的、合理的、論理的に物事をとらえて意思決定を行う「システム2」があり、人間は1日の90%以上を「システム1」で過ごすと言われています。90%どころか98%という説もありますが、生活の中の意思決定は、ほぼ無意識や直感で行われることが多いということです。

当然、モノを買うときや選ぶときにも、この「システム1」が働くことがほとんどですから、その数秒間という短い時間の中で、いかにお客様の心に響くものを届けられるか、情緒や直感に訴えられるかが重要になってきます。

では、どうしたらお客様の心に響くものを届けられるのかと言えば、やはり消費者の「インサイト」がカギになります。

インサイトは、消費者の購入意欲のスイッチに直結する「心のホットボタン」とも言えます。消費者にとっては、何を飲むかは、無意識とか、そのときの気分しだいなので、「思わず心が動くかで勝負しましょう」ということを社員にも言っています。

そして消費者はペルソナ的なものを想定するのではなく、「N1」、つまり体温を持った実在する消費者でなければいけません。具体的な1人の人の心を動かすことができなければ、マスで動かすことは絶対にできません。

ですから、入社当時からずっと「インサイトを制すものが、マーケティングを制す」という話を繰り返していました。

「これ、生じゃん！」の驚きがインサイトに

西口　心の底から共感することばかりです。そのような経緯で、全社的に「顧客起点マーケティング」に取り組まれたわけですが、実際に「Ｎ１」を起点にしたマーケティング施策の具体的事例について教えてください。

松山　２０２１年４月に発売した「アサヒスーパードライ 生ジョッキ缶」は、ふたが缶詰のように全開して、泡が自然とわき出る仕組みになっています。

この生ジョッキ缶、じつはもともとは２つのボツ案から生まれたのです。

社内にはすでに、缶の口をすべて開けるフルオープン缶の技術シーズと、缶胴に特殊な加工をして泡が自然に出てくる技術シーズがあったのですが、それぞれ単体では驚きや感動がなく、お客様の価値を生み出すことができませんでした。

2021年4月に発売した「スーパードライ 生ジョッキ缶」

発売と同時にブレークし、品切れが続出するほどの驚異の売れ行きを達成した

しかし、ある研究者から、「この2つの技術シーズを組み合わせたら、まるでお店で飲むような生ジョッキを缶ビールで実現できるのではないか」というアイデアがあらためて提案され、とにかくやってみようということでプロジェクトがはじまったのです。

開発過程にはさまざまな課題があり、最大の課題は、泡が制御できないことでした。たとえば、缶の温度が低いと泡が出にくくなり、高いと出やすくなるなど、温度によって泡の出方が変わってきます。

当初は、やはり生ジョッキ缶を開けた瞬間に最高の状態の泡にしなければいけないと考えて開発に取り組んでいましたが、それが非常に難しく、技術者たちはさまざまな案を出しては改善していました。

それでも常に同じ泡の状態を再現できるようにはなりません。以前のアサヒビールであれば、「品質が不安定な商品は出せない」と言って、そこで断念していたかもしれませんが、この生ジョッキ缶プロジェクトでは、まずお客様に試していただくことにしました。

すると、缶を開けたとたんに、泡がぶわっと出てきたり、両手で包んでいるうちに泡が盛り上がってきたり、時にはそれほど泡が出なかったりするのを、むしろ面白いと喜んでくださった方がたくさんいらっしゃったんですね。商品としては不完全かもしれませんが、それが面白いと楽しんでくださった。

それなら、この生ジョッキ缶は「お客様とともに完成させる商品」と位置付ければいいのではないかと発想を転換したわけです。

従来の製品開発では、消費者の飲用するタイミングや飲用方法に左右されず、均一な風味を提供することが品質の指標として採用されてきましたが、お客様との共同作業で楽しんでいただく商品として出してみることにしたのです。

発売当日、SNSやネットを見ると、画像付きでさまざまな感想が上がっていました。中でも驚いたのは、発売翌日の朝一番に当社のお客様相談室に届いたメールです。

「めちゃくちゃ吹きこぼれて事故るけど超楽しい！　クレームどころか攻略したくなる‼　この商品開発したチームに本当にお礼を言いたいです！」

発売翌日の朝、お客様相談室に届いたメール

件名：　ありがとうアサヒビールマーケティングチーム

一言言わせて下さい
生ジョッキ缶、めちゃくちゃ吹きこぼれて事故るけど超楽しい！
クレームどころか攻略したくなる!!
この商品開発したチームに本当にお礼を言いたいです！
マーケティングはビビってはダメだと痛感しました。
感服致しました！　ここ20年で最大の革新です！

（Eメール/男性/40代）

あまりにうれしかったので、社員みんなで共有しました。開発過程でかなり苦労した商品だっただけに、みんなこのメールを見て感動していました。泣いている社員もけっこういましたね。

それから、あるYouTuberの方が発売当日に出された動画も、われわれの「N1分析」に大きなインスピレーションを与えてくれました。コンビニでビールを買ってきて飲むという動画で、生ジョッキ缶を存分に楽しんでくださっており、拝見していてとてもうれしくなりました。

それと同時に、これは生ジョッキ缶のインサイトの決め手にもなりました。この動画を拝見するまでインサイトについて考え続けてきて、「お店の生ビールの味を楽しめる」など、いろいろ出てはいたのですが、この動画の中での「これ、生じゃん！」という言葉を聞いて、「これだ！」と思ったわけです。

生ジョッキ缶の楽しみ方 SNSの投稿画像（アサヒビール発信）

じつは、缶ビールも瓶ビールも加熱していない商品は、どちらも生ビールと言えば生ビールなんです。でも、多くの消費者はお店で飲むジョッキに入ったものが生ビールで、缶ビールは缶ビールというとらえ方をされていますよね。

だからこそ、「缶ビールなのに、本物の生ビールみたい」という驚きやワクワクといった情緒的価値につながっているわけです。

そこで、「これ、生じゃん！」の驚きを生ジョッキ缶のインサイトととらえて、ＣＭでもそれを踏まえたコミュニケーション訴求を展開することにしたのです。

ちょうどこの時期（２０２１年４月）には、Ｒ＆Ｄ部門（Research & Development）とマーケティング本部を統合しました。それまでは別々の部署だったのですが、面白い提案やアイデアが

2023年5～6月に行った復活ビール総選挙

あったらすぐ着手できるよう同じ部門に統合したところ、実際にいろいろなアイデアが出てきました。

たとえば、研究者たちから出てきたのが「復活ビール総選挙」です。過去に終売したビールを、当時の処方をもとに現在の技術や原料で再現するというアイデアです。

これはメディアにも取り上げられ、たくさんの消費者の方に投票していただきました。その中で票数の多かった商品を実際に復活させて販売しています。

リスクを恐れたら、お客様の心に響く商品はつくれない

西口　私も生ジョッキ缶が出たときに買って飲んでみましたが、1回目は缶を冷やし過ぎたのか、泡があまり立たなくてすごいショックで（笑）。2回目は手で包んでみたら、ぶわっと出てきて吹きこぼれてしまったんです。でも、その体験が面白くてハマってしまいました。

アサヒビールは、2023年5月にテスト販売サイト限定で、フルオープンのふたを開けると本物のレモンスライスが浮き上がってくる「未来のレモンサワー」を発売しました（2024年6月11日より数量限定で首都圏・関信越エリアで販売）。これも毎回違うレモンが出てきて飲むタイミングによって味が違います。

アサヒビールのように大量生産をされる大企業が、消費者に商品体験のバリエーションを許容するというのは、非常に画期的です。レモンの形が違うとか吹きこぼれる可能性があるなどのバリエーションを許容しないというのが、いわゆる大量生産時代の暗黙の了解で、ここを突破できるのはスタートアップやベンチャーだったりするのですが、アサヒビールの挑戦は、ほかの大企業にとっても大きなヒントになるはずです。

それにしても、なぜアサヒビールはこうした挑戦に踏み切れたのでしょうか？

「未来のレモンサワー」

2024 年 6 月 11 日　首都圏・関信越で数量限定発売

松山　もともと、こういうことをしたかったのが、まず1つです。面白がって変化を起こせる組織では、イノベーションは連鎖する、ということです。

「お客様」を真ん中に置くことで、新しい価値を生み出し続ける組織に変わっていきますし、勇気を持ってリスクをとれるようになります。

もう1つはコロナ禍の影響です。

緊急事態宣言が発出された際には飲食店で酒類を出せなくなり、飲食店向けの業務用ビールの販売数量が大きく低迷しました。コロナが収まった後も、ほかの感染症が流行るかもしれないという危機感もありました。

そうした状況下で、社内のリスクに対するとらえ方も変わってきました。

生ジョッキ缶発売後、ビール購入者数が上昇

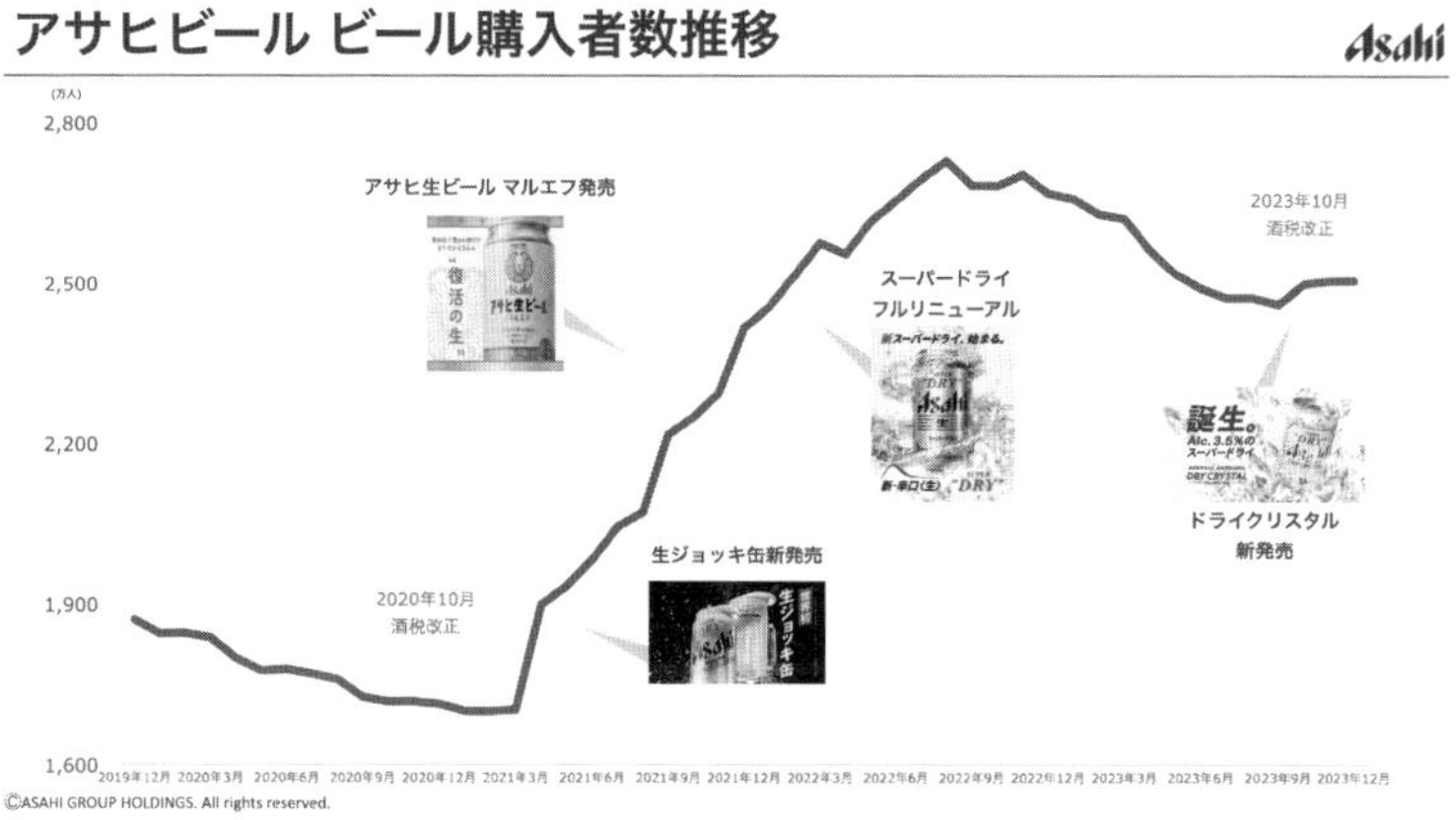

アサヒビール調べ：12カ月移動累計（20-60代）

アサヒビールは売上高約８０００億円の会社ですが、感染症の流行や飲食店での酒類販売禁止といった外的要因によって、会社の根幹が揺らぐ可能性もゼロではないということを社員が思い知ったのです。

たとえこれまで安泰でも、何か大きなリスクが起これば、われわれのビジネスも一瞬でどうなるかわからないわけです。

一方、ビール缶のふたを開けたら泡が出過ぎて吹きこぼれる可能性があるとか、泡が出ないかもしれないというリスクを恐れて何もしなければ、お客様の心に響く商品はつくれませんし、驚きや感動、ワクワクといった心の動きを生み出すこともできません。

何もせずに売上が低迷しているのを見ているのではなく、多少なりともリスクをとる勇気を持てたわけですから、結果的にはコロナ禍の逆境が

われわれの背中を押してくれたと言えるのかもしれません。

おかげさまで、この生ジョッキ缶の発売後は販売数量が想定を大きく上回り、販売を一時休止するほどの人気商品になりました。

リニューアルプロジェクトの失敗から学んだ教訓

西口　「N1」へのインタビューというのは、多くのマーケターはやりません。多くはPEST分析やSWOT分析、3C分析などでマクロ環境を分析して、次にSTPを決めましょう、といったやり方です。そして、セグメンテーション、ターゲティング、ポジショニングを定め、その次に4つのPでと、大きいところから切り分けていって勝負どころを決める。つまり、マスの発想です。

一方、誰か1人がプロダクトに対して「これ、すごくいい！」と言ったことを起点にしたら、結果、うまくいったというのが世の中的には多いのです。これが、いわば「N1分析」です。

松山さんのことはP&G在籍時から存じておりますが、あらためて、「顧客起点マーケティング」や「N1分析」を意識されるようになった時期やきっかけについて聞かせてください。

松山　私は1993年にブランドアシスタントとしてP&Gに入社し、最初に任されたのが「リジョイ」というリンスインシャンプーのフルリニューアルプロジェクトでした。

当時、リンスインシャンプー市場が縮小してきたのに伴い、「リジョイ」の売上も下がっていた時期でした。

また「リジョイ」のパッケージが、シャンプーというより洗剤のようなデザインで、リサーチでも「ダサい」とか「恥ずかしいから人前で見せたくない」などさんざんな言われようでしたから、もっとオシャレにして若い女性にも使ってもらいたいという狙いがありました。

さらに、R&Dが画期的な処方を開発したのでフルリニューアルすることになり、私はパッケージやCMを含めたコミュニケーション、販促などのいっさいを担当しました。

まず、パッケージをコスメのようにオシャレなものに刷新したところ、パッケージテストでは10ポイント以上の統計的有意差という圧倒的な評価を得ました。処方に対する評価も良かったし、CMの評価も高かった。

さまざまな事前調査で検証した結果、すべての領域において既存品を上回る良好な結果が出ていたため、フルリニューアルは成功の可能性が高いと予測できました。まさに、すべての数字が成功を物語っていたわけです。

ところが、実際に販売してみると、ビジネスとしては非常に不本意な結果に終わってしまったのです。

後から振り返ってみると、それまでの「リジョイ」が大好きで使ってくださっていたコアなロイヤルユーザーと向き合えていなかったことが失敗の原因でした。

フォーカスグループでの聞き取り調査はしていたので、ロイヤルユーザーの話も聞いていたのですが、集団の中で聞かれたことに対しては客観的に答える方も多く、必ずしも本音で語ってくれないことがあります。質問されたから、評論家のように「こっちのパッケージのほうがオシャレですね」とか「このCMのほうがいい」などと答えるけれども、どこか他人事になってしまう。

でも実際には、自分が使っていた商品のイメージがガラッと変わったら、大きなショックを受けて買わなくなってしまう人が多かったわけです。

やはり、生身の人間である「N1」の理解からスタートしていなかったことが敗因でした。

当時はまだ「N1」という言葉はあまり出ていなかったのですが、やはりビジネススクール（ノースウエスタン大学ケロッグ経営大学院にてMBAを取得）で学んだテキストなどに書いてあることだけではマーケティングはわからないなと痛感したんですね。

セグメンテーションなどのフレームワークは検証の際には使えるけれども、それだけでは消費者の求めるものはわかりません。

Ｐ＆Ｇではとにかく結果を出さなければいけないというのが大前提だったので、そのためには消費者をもっと深く理解しなければいけないし、そうなると、やはり１人ひとりの声を聞く「Ｎ１」に向かうことになります。マクロな数字をはじめ、実際の個人像が見えない中でやったらうまくいかなかったことで、個人像を意識するようになったという話です。

生身の人間に対する解像度を上げて、お客様の心を動かさなければ、どんなに数字が成功を物語っていても失敗するということを実感したのです。

それから、考えてみれば、「リジョイ」に携わったときの私は、リニューアルする製品を自分の知っている誰かに使って欲しいという想いを強く持っていませんでした。自分が担当する製品に対する熱量が足りなかったのです。

その反省もあり、今では製品に対する熱量や温度感をとても大切にしています。

その製品を出したときに「うわ、これこれ！　これを待ってた！」と喜んでくれるような人は誰だろう、その人はどうしたらもっと喜んでくれるだろうと常に意識しながらつくっています。

もちろん、リサーチの数字も見ますが、今ではむしろそういう熱量や温度感を大事にしています。

たとえば、アサヒビールで２０２３年10月に発売を開始したアルコール度数３・５％の「アサヒスーパードライ ドライクリスタル」は、若年層を含む幅広い方をターゲットとしていますが、自分

低アルコールのスーパードライとして話題になった「ドライクリスタル」

の父親にも飲ませたいと思っていました。90歳を超えるビール好きな父です。じつはこれ、西口さんのこともイメージしていたんですよ（笑）。

西口　本当ですか！　まさに今、私は3・5％の「ドライクリスタル」を飲んでいます。私自身が、完全にこの商品の「N1」です。大切なのは「誰か1人は絶対に買ってくれる人がいる」ということですね。

松山　じつは私も今、家で飲むお酒は「ドライクリスタル」ばかりです。自分自身もこれを求めていたんだと思いましたね。

Ｎ１分析とマクロ環境の変化から生まれた「３・５％ビール」

西口　「ドライクリスタル」はじつに画期的な製品だったわけですが、とくに「N 1」を起点にして製品開発を進める際には、社内で反対の声が上がることもあるでしょう。
この「ドライクリスタル」開発時には、社内外での反対意見やご苦労、懸念などはありませんでしたか？

松山　反対はありました。「スーパードライ」は当社最大の主力ブランドですから、やはり従来の５％が王道で、３・５％のビールなんて邪道だという声も社内にありました。開発当初は「そんなビールは飲みたくない」とはっきり言う人もいたくらいです。

ただ、そのような人にも「今は５％が王道かもしれないが、10年後はこの『ドライクリスタル』がど真ん中になる、10年後のど真ん中になるビールをつくろう」と呼びかけました。

日本のビール人口は、さきほど触れたように右肩下がりの販売減少に見舞われていますが、年代別で見てみると、ビールをたくさん飲んでいるのは50代から70代なんです。

つまり、このままでは市場がますます右肩下がりになっていくということです。今の20代や30代にも支持されるようなビールをつくり、新たなビール愛好者を生み出して新規開拓していかなければ、ビール市場そのものが成り立たくなってしまいます。

だからこそ、10年後のど真ん中を育てるための挑戦が必要だという話を社員にもしました。

このビールが生まれた背景にも、「N1分析」による成果がありました。

それまでに、自分の父親も含めてたくさんの方から話を聞いていたのです。たとえば、中高年の方からは「もともとビールは好きでよく飲んでいたけれど、年齢的にビールを飲むのがしんどくなってきた」という声がありました。

逆に若い層に聞いてみると、こちらもまたビールに対して消極的になっている方が多かったのです。「ビールを飲むと、やりたかったことが何もできなくなってしまうから、あまり飲まない」という声もありました。

そのように、実際の具体的なN1の方々のビールに対する想いをいろいろ聞いていくうちに、『スーパードライ』のキレ味を残したままで、度数を抑えたビールに需要があるのではないか」と考えたのです。今はまだそうではないとしても、10年後には確実にど真ん中になるビールだと。そう思わせてくれたのは、やはり自分の周りにいて、実在しているN1の方々の生の声でした。

じつは、このビールには技術的にはかなり難しい課題もあって、開発には2年以上もかかっています。最終的には課題もクリアし、手前味噌になりますが非常においしくできたので、最後は研究者たちと「やったな！」と喜びを分かち合いました。

西口 開発当初、松山さんはマーケティング本部長で、社長に就任される前でした。当時の社長や役員から、この開発を進めていいと承認された要因は何だったのでしょうか？

松山 社内で説得するときには、さまざまな知恵も使いました。近年、欧米やオセアニア地域では低アルコールやノンアルコールがトレンドになりつつあり、そうしたマクロな視点を入れて説明したのです。

たとえば、海外でも、アルコール度数0～3・5％の販売容量が2022年に過去最高を記録するなど、低めのアルコール度数の売上が伸びています。

日本ではいまだに5％台のビールが主流で、発泡酒や新ジャンルは価格の安さから選ばれることが多く、価格が競争の軸になっています。

しかし世界的な潮流から見れば、そもそも価格の問題ではなくて、今のビールの度数や味に魅力を感じない人が増えてきているのではないか、飲酒人口が減っていく中で会社の未来を考えたら、低アルコールをしっかり押さえておくべきではないか、という話をしたのです。

今は「人生100年時代」と言われていますが、健康寿命のことを考えれば、お酒の楽しみ方も多様性を考慮する必要がありますよね。

アサヒビールも、これまではお酒を飲まれるお客様に大量に買って飲んでいただくというビジネスモデルでやってきましたが、これからは90歳を超える私の父のように、80代や90代でも自分なりのペースで、好きなビールを日常的にたしなむというライフスタイルが定着すれば、お客様には、より豊かな人生を味わっていただけますし、企業としてもライフタイムバリューが上がるはずだと。「N1分析」で得た生の声と、マクロ環境の変化のどちらも、「ドライクリスタル」の背中を押してくれたわけです。

「N1の解像度が低い提案は持ってくるな」

西口　松山さんがマーケティング本部長として就任されて以降、マーケティングの方針を大転換してこられたわけですが、それ以前と以後では、社内にどのような変化がありましたか?

松山　そもそもビール業界というのは市場が縮小している中で、限られた数の大手企業の中で競争してきていました。そのために、前例踏襲であろうが、プロダクトアウトであろうが、とにかく売上を立てるということが重視されてきました。

前例踏襲的な傾向が強いだけでなく、たとえば前年同月比のデータ分析を行う際にも、この月は営業日数が1日少ないとか、特定の販促活動の影響といった細かい差異に目を向けるなど、ミクロな視点で発想していることも多くありました。

しかし、こうしたゼロサム、あるいはマイナスサムのマインドセットで行われるマーケティングは、実質的なマーケティングとは言えない状態になっていると感じていたのです。自社の社員を卑下する意図はまったくないのですが、「ちょっとそれは違うよね」というところからスタートしたということです。

マーケティングの定義自体も、そもそも今とは違っていました。以前のマーケティングのとらえ方というのは、単に「商品企画開発」と「販売促進」と「宣伝」の機能がくくられているという感じだったのです。

商品を売る際には営業が間口を広げていきますが、マーケティングはその営業をいろいろな手段で後方支援していくという、極めてファンクショナルな役割だったと思いますね。

でも、そうではないということを、アサヒビールに入社して以降、社長になった今でも言い続けています。マーケティングの目的は「顧客価値を創造すること」、つまり「顧客の創造」です。「顧客の創造」は、経営の目的でもありますよね。マーケティングの目的も経営の目的も、同じ「顧客の創造」なんです。

たとえばゼロイチでお客様を創造する。今まで1だったお客様を10に増やしていく。そのためには時間軸を長くするのも1つの方法であり、とにかくいろいろな意味で新しい市場をつくり、市場を広げていく必要がある。

そのカギになるのは、商品そのもののスペックではなく、「価値の創造」だと考えています。

ですから大事なのは、やはり消費者である「お客様」です。どんな戦略をつくるにしても、必ず「N1分析」を入れようという話もしています。

だから私の仕事の1つは、とにかく経営会議やマーケティング・営業会議で、「N1の解像度が低い提案は持ってくるな」と釘を刺し続けることなんです。

口酸っぱく繰り返しているので、たぶんみんなもそれに対しては従わざるをえないというのがあるのではないでしょうか。

西口 おそらくお客様の顔が見えているほうが、仕事をしていても楽しいと思いますよね。いろいろな会社で経営支援やマーケティング支援をしていて感じるのですが、具体的な人物像があるときは楽しそうですけれど、架空のペルソナでやると、みなさんあまり楽しくなさそうなんです。

松山　おそらく、そうですよね。具体的な人物像があることで、実際に社員が持ってくる提案の内容も非常にビビッドになってきました。

そもそも私は、架空のお客様を設定する「ペルソナ」というのは昔から苦手なんです。「世田谷区在住、20代後半、ＯＬ」と言われても「それ誰?」って。アプローチ自体を否定するわけではありませんが、自分としては、実在する人に聞いていったほうが早いし、より効率的だと感じています。

もちろん、アサヒビールという会社自体、まだまだ成長途上で個人差もありますが、この5年間で、明らかにマーケティング本部の空気は変わってきています。ふとした話題の中にも、ちゃんと実際の消費者が入っているんです。

私が入社したときは、経営会議の中でも、マーケティング本部内の打ち合わせの中でも消費者が出てきませんでした。出てきたとしても「Ｎ３００でヒアリングしました」など、かなりざっくりとしたペルソナが多く、どこにも体温を感じられませんでした。

今はどの製品の話を聞いても、またどのレイヤーで聞いても、お客様の話が必ず出てきます。また、こちらから少し突っ込んだ質問をしたときにも、「いや、じつはこういうことを言っている方がいまして」と喜んで話してくれる社員の話には迫力や説得力があって、やはりいい提案につながっていると思います。

そこ（実際の具体的なお客様についての理解）が曖昧な場合は、「もう一度話を聞いてみよう」ななど言って背中を押したりしています。

このように、アサヒビール自体は「N1分析」がかなり浸透してきて成果も出ていることから、グループ内でも、アサヒビールがなぜ大きく変わっていったのかと非常に強い興味を持っていて、何度か話をしに行ったことがあります。

そこで、私は「N1をどうやって見つけていって、それをどうやってマーケティングストーリーに入れていくのか。態度変容のカギは消費者のインサイトを押さえることだ」という話をしました。そこを押さえないと、いわゆる従来型のマスマーケティングのトラップにはまってしまいます。そのようにして、今はグループ全体で「N1分析」の共通言語をつくっている段階です。

N1なきマーケティング戦略は机上論に過ぎない

西口 アサヒビールのような巨大企業が「N1分析」を実践して成功されているというのは非常に珍しいことで、その成果には驚くばかりです。

なぜなら、一般的には大企業になるほど、「N1分析」のアプローチを取り入れていないケースが多いからです。従業員が数百人以上の規模になったり、上場したりすると、突然、「Ｎ１分析」のアプローチからマスのセグメンテーションモデルになってしまうのです。

大企業は、さきほど松山さんがお話しされた「ドライクリスタル」で、「Ｎ１分析」による生の声から発想を得て、マクロ環境の話で社内に説得性を持たせたように、Ｎ１とマスのアプローチはどちらも必要です。

松山　西口さんがおっしゃるように、やはりマスもＮ１も両方やるべきだと思います。「Ｎ１分析」は、実在の人たちのエモーションや本能の部分まで深掘りする、まさに体温のある分析です。

一方で、トレンドの傾向や人口動態、経済の動向などの事実も無視できません。人は外からもたらされる情報や刺激などを取り入れながら状況に合わせて行動するので、同じ１人の人でも、時間とともに、求めるものやそれに対する想いや感情も変わっていくはずです。おそらく「Ｎ１」は、その人の人生の文脈の中で存在するので。

ですから、こうした環境を踏まえたうえで「Ｎ１分析」を行わなければ意味がないし、「Ｎ１」のモデルも変わっていきます。

そのため、マスのアプローチもＮ１も両方用いて、最後に一体化させることが大事です。

そもそも私は、Ｎ１なきマーケティング戦略は机上論になってしまうと考えています。たまたま市場や需要が拡大しているときであれば、消費者を理解しないマスのアプローチでもはまることがあるかもしれませんが、これだけ消費者のライフスタイルや欲求が多様化している中で、マス向けの一般論だけで戦略を練るのは不十分です。

ですから、どちらかと言うと、私はマスからのアプローチは、実際のビジネスにつながるのかという検証をする際に使っています。

「Ｎ１」にも少し関連するのですが、私がアサヒビールの前にサトーホールディングスに在籍していた頃、前の経営者から聞いた話があります。

よく、会社が良くなっていくと、その会社の構成員である社員も良くなっていくという人がいますが、彼は「それは違う」と言うのです。本当は、会社を構成している１人ひとりの個々人が良くなっていくから、その集合体としての会社が良くなるのであって、その逆ではないと話していました。

どちらが正しいのかはわかりませんが、10人の会社であろうが、１００人の会社であろうが、何千人の会社であろうが、１人ひとりの個というのは「Ｎ１」で存在しているわけです。この個人がそれぞれ成長していくと、当然、その集合体である会社も成長していくし、会社が成長すると、会社が個人に投資をしたりして、個人が成長していきます。つまり、個人と会社というのは、お互いに作用していくことで循環して成長していくのです。

この話を聞いた当時はきちんと理解できていませんでしたが、考えてみると、これはマスマーケティングとN1分析の関係性にも言えることです。本来、従来型のマーケティングモデルとN1モデルをうまく組み合わせて循環をつくっていくことは、経営としても納得できることのはずです。

また、私はかつてBtoBの世界に身を置いていたこともあります。BtoBでは、すべてのお客様がある意味、N1のような感じで、それぞれ異なる困り事を持っていたのです。そのため、マクロなマーケティング戦略というよりは、いわば、お客様ごとの困り事の解決です。

たとえば、お客様が物流業界であれば、そのお客様の個別の話を聞いて、それに対してソリューションを出していくというやり方です。「N1分析」というのは、そのアプローチと、けっこう似ているのです。

「N1分析」という個別ケースに対してのアプローチが、結果、上位概念のところにいって、物流全体でお客様にソリューションとして提案することもありました。N1というミクロから出発して、今度はマクロに戻っていくという感覚です。

西口　最後に、今後の取り組みについて、おうかがいさせてください。

松山　私たちが売っているのは、お酒という嗜好品です。人間が生きていく栄養を摂るために飲んでいるわけではなくて、人間として幸せな人生を送るために飲んでいるものだからこそ、おいしいのは当たり前で、お客様の心がよりハッピーにならなければ意味がないと思っています。

どうしたら、1人ひとりのお客様にもっと喜んでいただけるのか。

どうしたら、お客様のより豊かな人生につなげられるのか。

そこを突き詰めていけば、結果的に大きなビジネスにつながっていくはずだと考えています。

縮小し続ける市場で お客様のニーズから開発した ミシンが異例の大ヒット

——老舗ミシン企業が「N1分析」で成し遂げた大改革とは

株式会社アックスヤマザキ

「面倒、難しい、邪魔」などと言われ、ミシンは縮小市場にある中、長年、業績不振に苦しんでいた老舗ミシンメーカー・アックスヤマザキは、2015年に子ども向けのミシンを開発・発売するやいなや即座に大ヒット商品となりました。これ以後も同社は続々とユニークな製品を生み出し、子育て世代、シニア、さらには男性向けのミシンなど、幅広いニーズに応える革新的な製品開発で業界に新風を吹き込み続けています。

変革のキーパーソンは、3代目社長の山崎一史氏。

ミシン離れ、市場の縮小、そして自社の業績悪化といった逆風の中で経営を引き継ぎ、窮地を脱するべく新たなアプローチを模索。その結果、「N1分析」をもとに、会社の方針を大きく転換しました。

アックスヤマザキがどのように「N1分析」を活かし、業績を立て直す道を見出したのかをうかがいます。

インタビューイー／山﨑一史（やまざき・かずし）氏

アックスヤマザキ代表取締役。2002年近畿大学商経学部を卒業後、機械工具卸企業に入社。2005年に父（当時社長）から相談を受け、右肩下がりの状況をなんとかすべく、家業である家庭用ミシンメーカー株式会社アックスヤマザキに入社。2015年に3代目として代表取締役に就任。同年、新市場を開拓するため子ども向けに開発した「毛糸ミシン Hug」がヒットし、2016年ホビー産業大賞（経済産業大臣賞）、キッズデザイン賞受賞。その後、子育て世代に向けて開発した「子育てにちょうどいいミシン」もヒット、2020年にキッズデザイン賞優秀賞（少子化対策担当大臣賞）、グッドデザイン賞金賞（経済産業大臣賞）、ＪＩＤＡデザインミュージアムセレクション vol.22と国内デザイン賞の3冠受賞。企業として「大阪活力グランプリ2020特別賞」に選出される。

「ミシンってまだあるの？」から、ミシンの魅力に気づくまで

西口　アックスヤマザキは大阪の老舗ミシンメーカーで、以前、山﨑一史社長の記事を拝読したことがあり、そのときに「経営やマーケティングとは本来こうあるべきじゃないか」と強く感じました。

それはどういうことかと言うと、一般に大手企業のマーケティングで多いのが、マクロである市場全体から入って、それを細分化してニーズを見つけていくという方法です。これはフィリップ・コトラーさんが提唱したセグメンテーションやターゲティング、ポジショニングなどの概念に基づいていています。

しかし、成長する大きな市場で大きな資金力や営業力、開発力を持つ企業に限る話で、世の中の多くの企業にあてはまるわけではありません。

そこで、企業規模にかかわらず市場を開拓するには、いわゆる「外れ値」、すなわち標準偏差の分布で言うと普通はニッチだとして無視される部分から兆しを見つけて、そこを広げていくことが重要になってきます。小さなところから広げていくことがポイントで、これは私が大きな事業会社で仕事をしていたときも、今、自分で事業をやっている中でも強く感じていることです。

大事なことは、この外れ値をいかに見つけ出して、それをいかに広げていくか。もちろん市場が広がらない場合もありますが、それでもやはりニッチや外れ値を見つけ出して市場を開拓していくほうが、結果的には投資効率が良くなることが多いのです。

何より大きな市場をマクロで見て分解するだけだと、すでに顕在化している便益（買う理由）は見つかっても、独自性（ほかを選ばない理由）は見つからないことが多々あって、後は資金力で勝負するという流れになりがちです。大企業においてこのアプローチはよく見られるのですが、結果的に投資回収に至らず失敗につながることも多いです。

だからこそ、私は「N1分析」という方法を提唱してきたわけですが、アックスヤマザキはまさに外れ値を見つけて、そこから大きく広げていった結果、大成功された例です。

そこで、アックスヤマザキの山﨑社長にどうやってヒット商品を開発されたのか、いかにヒットの兆しを発見されたのかをうかがいます。

山﨑　私は2005年に弊社に入社して、その後はずっと営業をやってきました。販売先やその延長線上にある会社に営業に行ったときに、「ミシンなんて、もういらんやろう」とか「ミシンってまだあるの?」と存在そのものを否定されることが何度もあったんですね。

そもそも当時の弊社は大手企業のOEM製品（「Original Equipment Manufacturing（Manufacturer）」の略。他社ブランドの製品を製造すること）が主力で、ミシン業界の中でも最小規模の会社で、社員数は18人、パートさんを入れても25人に満たないメーカーです。

そうした中で、とにかく「お願い営業」で無理やり発注してもらう営業スタイルで、常に赤字に転落するかどうかという瀬戸際でやってきたのですが、利益率はどんどん悪化していき、私が父から経営を受け継ぐ２０１５年には１億円に近い赤字に陥りかけました。

ただそれ以前から、あまりにも取引先から相手にされない経験を重ねてきたので、「このままではあかん」という危機感を持っていて、いろいろと勉強しながら打開策を検討していたのです。


あるとき、それまでの弊社の営業は「うちのミシンをお願いします」と、自分たちの要望を伝えるだけだと気づいたのです。

とにかく自分たちの製品を買ってくれるようにお願いするというやり方を続けてきた結果、相手からはまったく必要とされなくなるという状況になっていました。

では、どうしたら相手に振り向いていただけるのかと考えたとき、はじめて外に目を向けるようになりました。

今、業界として何が課題なのか。そもそも、お客さんはなぜミシンをいらないと思っているのか。会社の内側ではなく、外側に視点を向けようと思ったのです。

また、そのときに気づいたのが、それまでの私はミシンの会社の3代目候補として入ってきたにもかかわらず、「ミシンって誰かがやるもんや」というぐらいに、他人事として考えていたのです。

そもそも、誰がどんなふうにミシンを使っているのかというイメージも持っていませんでした。

そして、自分の周りに目を向けてみたら、自分も周りの友だちも知り合いも、誰もミシンを持っていません。私は長い間そういうことから目を逸らしてきたけれども、無意識のうちに「きっとミシンなんて誰もやらない」と自分自身で思い込んでいたところがあったわけです。

それに気づいてからは、まず自分の周りの人たちは「なぜミシンを持っていないのか？」ということに目を向けました。最初は自分の生業であるミシンを持っていないことを聞くのが恥ずかしかったのですが、友だちの家に行ったり、知り合いに集まってもらったりして、ミシンについてじっくり話を聞きはじめたのです。

じつは、これまでに何かの集まりで「ミシン屋です」と自己紹介すると、「まだミシンってやっているんですか？」と言われたり、どこで話しても「え、ミシン？」という反応ばかりだったりしたので、自分の周りの人たちにもあまりミシンの話はしてきませんでした。自分の子どもに対しても、相手にされないミシンの会社っていうのはちょっと恥ずかしいなと、胸を張って誇れないところがありました。

ただ、周りの人たちにミシンのことを聞きはじめたら、意外なことに「いや、じつはちょっとミシンをやってみたかった」と言う人がたくさんいたのです。とくに子どものいるママさんたちに集まってもらったときには、「私もミシンやってみたかったの」「そうそう、私も」とみなが言いはじめて、その場が非常に盛り上がりました。

それでミシンについていろいろ聞いていくうちに、多くの人が小学校でミシンを習ったときに難しく感じて嫌になってしまったということがわかりました。

そもそも、従来のミシンは上糸をかけて、下糸をセットして、糸調子を調整してなどと、いつははじめられるのかという感じですよね。テレビならリモコンのスイッチをつければはじまるのに。それはミシンに対して嫌なイメージになるわ、と思ったのです。

それなら、小学校で習う以前の子どもたちはどうなのかと、今度は親子一緒に聞いてみました。すると、子どもたちは「こんなドレスをつくってみたい」とか「ミシンって魔法みたい」とか、すごく楽しそうな顔で話してくれたのです。

なぜ親と子でこんなにギャップがあるんだろうと考えてみると、やはり小学校の授業でミシンを嫌いになってしまうという分岐点があるわけです。

それなら、嫌いになってしまう前に子どもたちが楽しめるミシンをつくろう。「ごっこ」でもいいから楽しめるものをつくろう。そうしたら、小学校の授業でも得意になって乗り越えるんじゃないかと考え、子ども用のミシンをつくろうと決めたのです。

「自分たちができる発想」から「相手が望むものに応える発想」へ

西口　実在する具体的な人の声を聞く。これはまさに「N1分析」ですね。ただ、アックスヤマザキはそれまでOEMでほかのミシンメーカーのミシンをつくることが多かったわけですよね。そこから子ども用のミシンをつくると最初に言ったとき、社内での反対や、やりたくないという声はありませんでしたか？

山﨑　反対はありました。当時は私が社長になる前で、社長は父親だったのですが、私はワクワクしながら「大逆転戦略」と書いた計画書もつくって、技術者たちの新商品の開発会議で発表したのです。

そうしたら父親が激怒して、書類をバッと投げて部屋から出て行ってしまいまして……。部屋にいた人たちは、みなびっくりして固まっていました。

私としては、きっと喜んでもらえると思っていたのに、父親は「会社、潰す気か！」と大逆鱗です。

でも考えてみれば、父にしてみたら今のミシンをなんとかして欲しかったのに、いきなり「子ども用ミシン」なんて突飛なことを言い出したものですから、父が怒るのも無理なかったかもしれません。

自分としては喜んでもらえる提案だと思っていたけれど、それはひとりよがりで、このミシンは世の中に受け入れられるものとは思われなかったわけです。そう思ってもらえなかったのは私の責任ですから、周囲に納得してもらえるように、世間に欲しいと思ってもらえるようなものを早くつくらなくては、と考えました。

子ども用ミシンでは「簡単・安全」というコンセプトをテーマに決めていましたが、実現するのが難しくて、そこからミシンが完成するまでに3年かかりました。

安全性を第一に考えるならプラスチックの針がいいのではないかと思って試作品をつくり、ママさんたちに試してもらったら、「プラスチックの針なんて、ミシンじゃない」とか「プラスチックの針では子どもの教育にもならない」と言われてしまいました。

たとえば子ども用の包丁でも、プラスチックの刃より本物の刃の包丁のほうが売れているそうです。そういうことも教えていただいて、本物の針を使ってこそミシンだと思い至りました。

また、既製品のキットにして、指示通りにつくったら何か製品ができるという構造にすれば、誰でも簡単にできると考えたのですが、それは一度つくったらもう終わりなんです。それもママさんたちに見せたら、あっさり「そんなもん、いらん」と言われてしまって。

特殊な５本の針で毛糸を生地にからませてくっつける構造に

針の周りには、指を守る針ガードを付けた

これまでは、どうしても自分たちができることをやるという発想になりがちだったのですが、ママさんたちの意見を聞いて、こういうのは求められていないのだと目が覚めました。「相手が何を望んでいるのか」という発想をしなければいけないわけです。

それなら、どうしたら本物の針を安全に使えるか、既製のキットではなく、どうしたら子どもたちが長く楽しめるかということを考えはじめました。

結果的には、針から指を守る透明の「針ガード」を付けて、普通の糸ではなく毛糸を使うようにしました。１００円均一のお店に売っている毛糸でも使えますし、どこのお店で売っている生地でも大丈夫です。毛糸を数カ所に引っ掛けてスイッチをオンにするだけで、子どもでも簡単に縫うことができます。
そういうことをやって、はじめて子どもたちが長く楽しめる製品にまでたどり着けました。

ここまでに3年かかって。その間は、社内で社長である父も大反対しているし、私自身も当時は何も実績を出していなかったので、社員たちも「子ども用ミシンとか言っているけど、ほんまにこいつは、大丈夫か?」と半信半疑だったと思います。

ただ、中には「鳥肌が立ちました」と言ってくれる技術者もいました。私はまだ周囲をしっかり納得できる状態まで持っていけていなかったけれど、それでも自分のやろうとしていることに意義を感じてくれる人もいたのです。

せっかく学校教育でミシンを使っているにもかかわらず、苦手意識を持ってしまう人が多いという課題を、子ども用ミシンで解決するという夢に賛同してくれるメンバーも、徐々に増えていきました。

ちょうどその時期、このままでは会社が1億円の赤字になるという見込みのときに、父から社長を継ぐことになりました。

途中からは私も覚悟を決めて、社員にも「将来この会社を背負わなければいけない自分がすべて責任を負うから、社会から必要とされていないミシンを開発するのではなく、世の中から必要としていただけるようなミシンをつくるほうに舵を切っていこう」という話をし、ほかの開発はいっさいやめ、子ども用ミシンの開発に集中することにしました。

目標は、娘がクリスマスにサンタさんにお願いしてくれること

西口　いやあ、しびれるお話ですね。当時の山﨑社長のお気持ちを考えると胃が痛くなりますが、それだけ苦労してつくった子ども用ミシンの売れ行きに自信はありましたか？

山﨑　じつは開発の途中で「このミシン、いけるんちゃうか」と手応えを感じはじめていたので、一度、友人の娘さんの通う小学校の同級生たちに声をかけて集まってもらい、試作中のミシンを持ってミシンの体験会をしに行ったんです。

すると、子どもたちがミシンに触り出したと思ったら、すぐに取り合いになるくらい、みんなが夢中になって。取り合いをしている子どもたちを取りなしながら、「これはいける！」と思いましたね。

そんなふうに試作品をつくりつつ、なんとか完成まで持っていき、２０１５年10月末に「毛糸ミ

‖「毛糸ミシンHug」の後に発売された「毛糸ミシンふわもこHug」

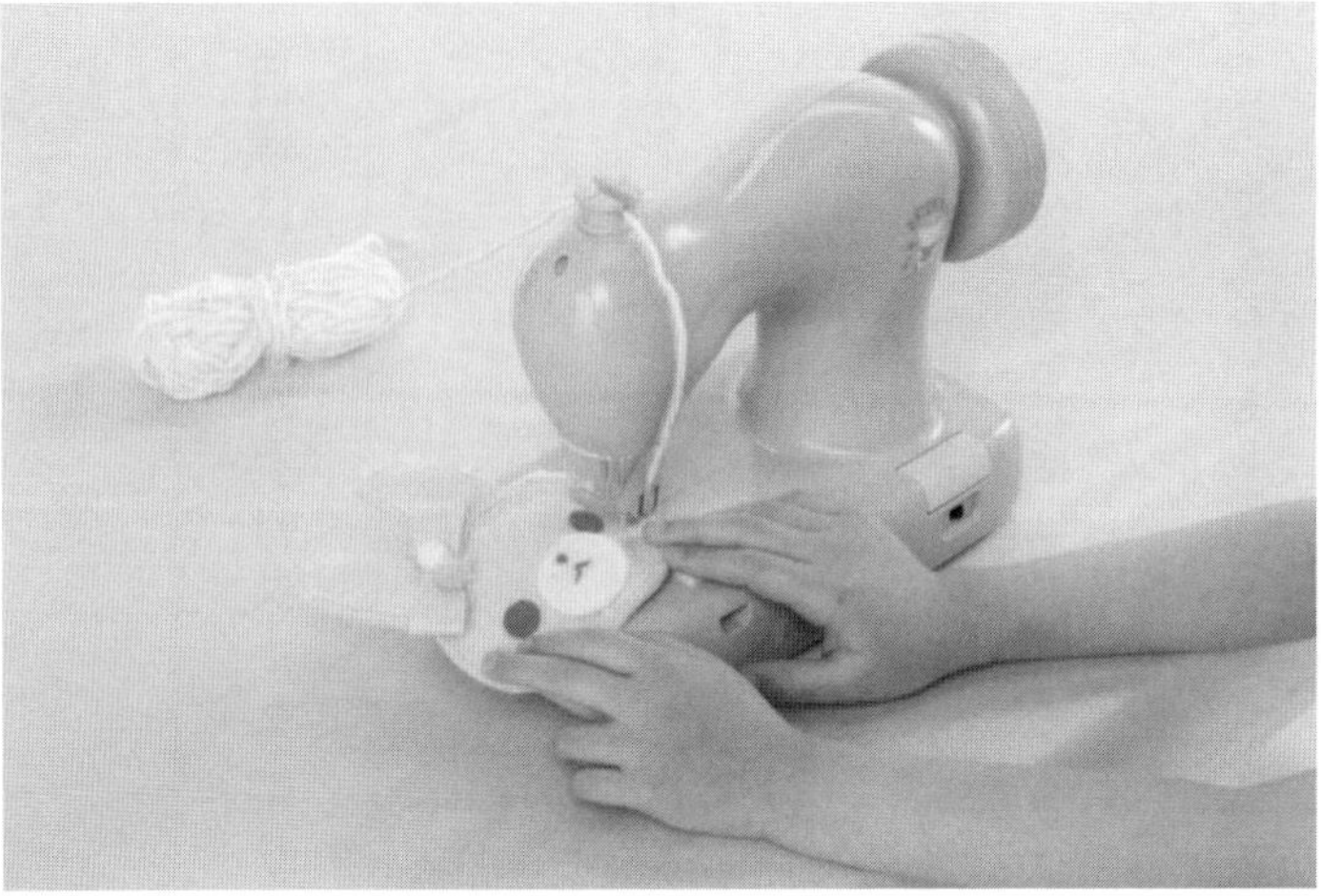

赤、ラベンダー、黒、クリームなどさまざまなカラーがある

シンHug」として発売したのです。

西口 実際に発売されて、最初の反響はいかがでしたか？

山崎 はじめて自分で玩具市場を営業して開拓していったのですが、いろいろな会社さんから「おもしろい、おもしろい」と言ってもらえて、どんどん発注が増えていき、最終的には発売から2カ月で初回生産分の2万台が売り切れました。

中には、わざわざ和歌山から大阪にある弊社の本社まで「このミシンが欲しいんだけれど、どこにも売っていないから、どうしてもわけて欲しい」と来られたおじいちゃん、おばあちゃんもいらっしゃいました。

この子ども向けのミシンは大ヒットして売

り切れになり、はじめて電話が鳴りやまない状況を体験しました。

ちなみに、私は発売前から売上額以外にある目標を決めていました。

自分の娘が当時4歳だったのですが、その娘から「欲しい」と言われるような製品をつくるという目標です。まさに自分の子どもが「N1」になっていたんですね。

娘に欲しいって言ってもらえるぐらいのものじゃなければ、世の中からは必要とされないと思ったんです。ミシンというものをはじめて自分事としてとらえたとき、「娘がクリスマスにサンタさんにお願いしてくれるかどうか」というのが、1つの目標になったわけです。

でも、当時は娘の中で粘土が流行っていまして、クリスマス前に妻から「今、粘土かミシンかで悩んでいる」という情報を聞いていました。どっちがくるかとドキドキしながら、クリスマスの前の夜、ツリーの横に置いてある手紙に「サンタさんへ。パパのミシンちょうだい」と書いてあって、「やったー!」と。

それで、実際に1人の顧客として購入するため、すぐトイザらスに行って、列に並んで自分で買いました。

子ども用ミシンは、キッズデザイン賞やホビー産業大賞など、はじめてさまざまな賞もいただくことができました。

ミシンの三大問題「面倒、難しい、邪魔」をクリアせよ

山﨑 じつは、そこからもさらに話が続いていくのですが、子ども用ミシンを発売してから、子ども向けの体験イベントを頻繁にやりました。

そのようなイベントで、子どもたちが自分でミシンを使ってティッシュケースをつくったりすると、「自分でこんなのつくれた、すごい!」と感動してめちゃくちゃ喜んでもらえて、その横を見ると、お母さんたちもすごく喜んでいるんですね。そして、子どもに「すごいわね」と声をかけるだけでなくて、多くのお母さんが「これ、私もやってみたいわ」と言っているわけです。

そこで、そういうお母さんに「ミシン、持ってはるんですか?」と聞いてみると、たいていは「持っていない」と答えます。その理由が、ミシンは大き過ぎて邪魔だとか、操作が難しいとか、片づけが面倒くさいとか、誰に聞いても同じような答えが返ってきます。

さらにいろいろ聞いてみると、「でも、ちょっとやってみたいと思っている」と言いながらも、また同じ躊躇《ちゅうちょ》する理由が出てきます。

結局、ミシンには「面倒、難しい、邪魔」という三大問題があって、それが大きな壁になっているわけです。

そのような話を聞いていて、これだけ純粋にやりたいと思っているお母さんたちがいるなら、その三大問題をクリアできるミシンをつくれば、きっと振り向いてもらえるんじゃないかと思ったのです。そうして開発をはじめたのが「子育てにちょうどいいミシン」です。

「ミシンは難しい」という課題を解決するために、スマホで動画を見ながらできるようにしました。入園や入学するお子さんがいる方がターゲットだったので、通学用のバッグや上履き入れ、防災ずきんなどの入園・入学グッズのつくり方を動画で解説したのです。

もちろん操作もシンプルにしていますし、出し入れも面倒ではありません。ミシンを使うのがはじめての方でも、スマホの動画を見れば簡単に使い方がわかるので、誰でもすぐ使いこなせるようになります。

さらに、ミシンの形状については、以前、友人にこんなふうに言われたことがヒントになりました。

「いや、ちょっと言いにくかったんだけど、うちの嫁さん、ママ友が来たらミシン隠してんねん」

どういうことかと聞くと、今までのミシンはママ友が家に来たときに見せたい部類には入らないというんですね。オシャレではないと。

それなら、ママ友が来たときにも見せたくなるミシンにしよう、今までのミシンの概念を覆すくらいオシャレなデザインにして、大きさも本棚に入るくらいコンパクトにすると決めました。

「子育てにちょうどいいミシン」

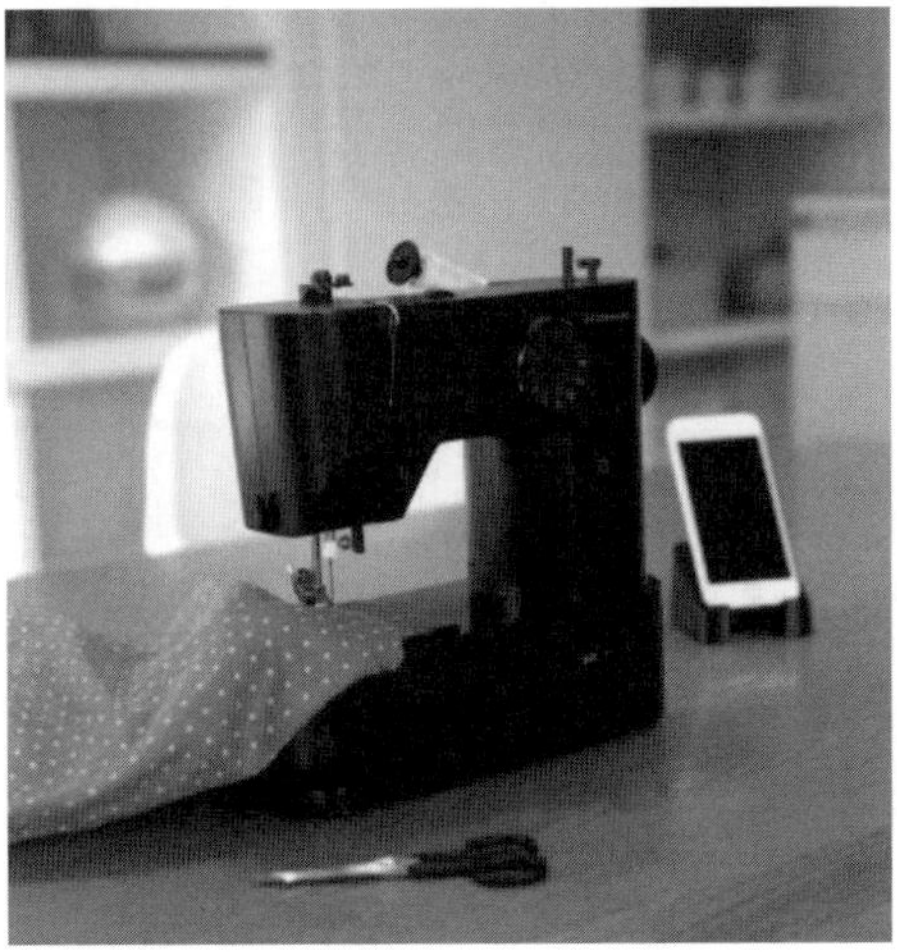

「面倒、難しい、邪魔」のミシン三大問題をクリアして大ヒットにつながった

こうして2020年3月に「子育てにちょうどいいミシン」を発売しました。その時期はコロナ禍で、ちょうどマスクが不足している時期で、みなさんのお役に立てるのではないかと思って、布マスクのつくり方の動画もアップしたら、それも爆発的なヒットにつながりました。マスクを簡単につくりたいというニーズをつかんだのです。

おかげさまで、発売後の1カ月間で五大新聞の全紙に「子育てにちょうどいいミシン」の記事が掲載されました。

また、今まで売れなかった弊社のミシンが「ミシンランキング」で1位になり、初回発売から4年以上経った今でもずっと1位をキープしています。

ＭｏＭＡから「航空便で早く送って欲しい」とせっつかれるミシン

西口　素晴らしいですね。売上的にはどのくらいの成果があったのでしょうか？

山崎　２０１５年時点では1億円の赤字見込みだったのが、子ども用の「毛糸ミシンＨｕｇ」で大幅に縮小し、翌２０１６年には黒字に回復しました。

その後、２０１９年には売上４億円で営業利益２０００万円だった業績が、２０２０年の「子育てにちょうどいいミシン」の発売で売上10億円になり、営業利益は2億５０００万円と、弊社では過去最高益になりました。

この「子育てにちょうどいいミシン」は、国内でもグッドデザイン金賞や家電大賞のほかにもいろいろな賞をいただきました。海外でもニューヨークＡＤＣ金賞、ドイツや中国などのデザイン賞を受賞しています。

そう言えば、このミシンは２０２０年から卸《おろし》での販売をやめて直販ルートだけにしたのですが、ニューヨークや日本各地にあるＭｏＭＡのデザインストアでも取り扱いをはじめたところ、非常に売れ行きが良く、じつは直販で最も売れているんです。

とくにニューヨークのＭｏＭＡのデザインストアではアメリカ仕様の「子育てにちょうどいいミシン」がすぐに売り切れてしまって、先方の担当者もびっくりしているそうです。デザインストアで一番売れているので、とにかく航空便で早く送って欲しい、とせっつかれているくらいです。

ミシンは脳トレにも効く

この「子育てにちょうどいいミシン」を出した後、今度はシニア層向けの製品開発をはじめました。

それまでに、ご年配の方たちからは、視力が弱くなって細かい針先が見えにくいとか、重いものが持てないという声が出ていました。

そこで、デイサービスに通って、「みなさん、最近ミシンやっていますか？」と聞いて回ると、やはり機能が複雑なのは苦手だとか、ミシンは重くて無理だとか、視力が弱くなって糸かけができないとか、やはりミシンに対する課題がいろいろ出てきましたので、そうした課題をクリアするミシンとして「孫につくる、わたしにやさしいミシン」を開発しました。

「孫につくる、わたしにやさしいミシン」

機能はシンプルにして、使いやすさを優先した

針穴が大きく見える特殊な鏡を付けたり、針穴の糸通しがラクになる機構にしたり、スピードを低速にしたり、軽量にしたりするなど、さまざまな工夫をしています。

また、脳トレの第一人者である川島隆太先生に実験を依頼したところ、ミシンを使うと脳の背外側前頭前野が活性化することがわかりました。

つまり、脳トレにいいということですから、脳を鍛えたい方にもミシンはおすすめです。このミシンも、1年で1万台売れました。

普段ミシンをやらない方に、どうやったら振り向いてもらえるか

子ども向け、子育て世代向け、シニア層向けと来て、その次につくったのが、2022年の秋に出した男性向けミシン「TOKYO OTOKOミシン」です。ボディも、真っ黒な鉄製にして、バイクのハーレーダビッドソンのようなイメージにしています。

これは普通のミシンとは違って、レザーやデニム生地、帆布、アウトドア用品用の生地も縫えるような、こだわりの強いミシンなんですが、発売すると、初回分が3日で完売しました。その後は数カ月待ちでお客様に待っていただいているような状況です。

このミシンはほかのミシンの約4倍の値段なので、正直言って期待はそんなには高く持っていなかったのですが、想定以上に売れて、びっくりしています。かなりの反響で生産が追いつかず、今は弊社の新たなヒット商品になっています。

このミシンはデニムも12枚まとめて縫うことができ、私は自分でジーンズもつくってみました。

西口 この「TOKYO OTOKOミシン」のデザイン、格好いいですね。御社の製品はどれも

鉄製フルモノコックボディが特徴の「TOKYO OTOKO ミシン」

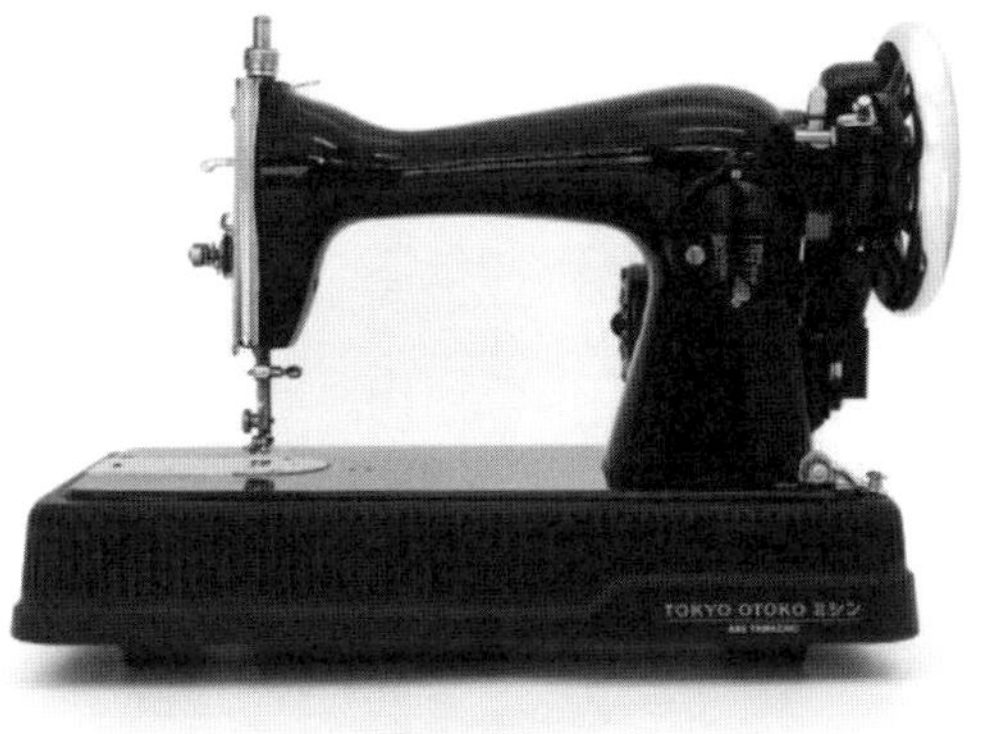

針板も家庭用ミシンの約２倍の硬度がある

デザイン性が高いのですが、デザインは全部、御社の中でやられているんですか？

山﨑　デザインは基本的に外注していますが、以前、ミシンに対して他人事だったときは、すべてデザイナーに丸投げという感じで、デザイナーの方に任せておけば格好いいものをつくっていただけるだろうという感じでした。今思うと、自分たちに判断の軸がなかったので、デザインに対するイメージも曖昧なままでした。

それが自分たちでターゲットを絞ってヒアリングをするようになってからは、ヒアリングの際に「ミシンはダサい」とか、さきほどの「お客さんが来たらミシンを隠している」などの衝撃的な言葉や、心を動かされるような言葉を自分たちで聞くようになったことで、デザインもなんとかしたいと本気で思うようになったのです。

ですから、デザインはデザイナーの方に依頼していますが、その際に「これは実際にヒアリングをしたときに、こんなんだったら欲しいって言っていて」などと実際の声をもとに相談しながらデザインを進めるようになっていきました。

たとえば、「子育てにちょうどいいミシン」の色は、光を反射しにくいマットブラックです。高級車で使われているような渋い黒色です。

デザイナーの方に相談する中で、最初は「マットより普通の光沢の黒のほうがいいかもしれない」「そもそも黒じゃないほうがいいのでは?」などという話もあがりました。

そのようなときも、ヒアリングでこんな色のミシンがあったら欲しいという方が何人もいたことをもとに「聞いてみるとマットブラックが支持されたんですよ」と、実際の声が判断軸となりました。

西口　いや、すごいですね。実際にいる誰かに絶対に買っていただけるものを目指してつくるというのは、まさに「顧客起点」です。これをごく自然にやられていると認識したのですが、御社の社内では以前からこうしたやり方をされてきたんですか?

山﨑　いえ、そんなことはありません。弊社では、父の代の頃はＯＥＭの生産が約９割でしたから、ここまでお客様の声を気にすることはありませんでした。父の代のときには、どちらかというとミシンの新機構を開発するとか、競合他社と比べて機能がどう優れているかとか、そういうことばかりを気にしていました。

それが、子どもや子育て世代などとターゲットを絞って、そういう方にどうしたら使ってもらえるかを考えるようになると、競合という発想などはなくなりました。

それよりも、「ミシンを普段やらない方にどうやったら振り向いてもらえるか」ということばかり考えています。

だから、私は基本的に、普段からミシンをやらないんです。それには意味があって、弊社のターゲットとなるお客様はミシンをやらない人なので、私がミシンにどっぷりはまってしまうと、商品に対する発想が変わると思っているからです。

私はミシンを一生やらないと決めていて、まったく覚える気もありません。覚えないから、毎回、新製品ができたら失敗します。「わかりにくい、こんなのいらん」と言って、技術者に突っぱねるのですが、そのやりとりが開発にもつながっていると思います。そのような意味では、私は最初のお客さんなのかもしれないですね。

それもこれも弊社は零細企業で規模も小さいので、もちろん結果的に規模につながればありがたいのですが、最初に考えるのは売上の数字をどうつくるかより、どうしたら人から欲しいと思ってもらえるミシンをつくれるか、なんです。

「ＴＯＫＹＯ ＯＴＯＫＯミシン」をつくったときもそうでした。

それまでにも、ブルーシートを縫いたいとか、レザーを縫いたいというご要望を、電話でときどきいただいていたのです。でも、普通の家庭用ミシンでごついものを縫うのは難しいので、ずっとお断りしていました。

ただ、よく考えてみたら私自身はミシンはやりませんが、キャンプやＤＩＹは好きなんです。自分の周りの友だちとも普段からキャンプやＤＩＹのことはよく話しているのに、どうしてそういう人向けのミシンがないんだろう、ブルーシートやレザーを縫いたいと言っている人もいるのに、なぜお役に立てるものがないのかと考えはじめたんです。

そこで、そういう方のお役に立てるミシンをつくろうと考えて、こだわりを持つ男性向けのミシンの開発をスタートしたのです。最初は周りの反応もいまいちで、「そんなん、いらんやろ」という声ばかりでした。

でも、そこで諦めずに、まずは自分で何かしてみようと考えて、安い革を使って自分で名刺入れをつくってみたのです。すると、「え、こんなんつくれるの⁉」と、周りの人たちが少し興味を持ってくれました。

それでもまだ反応の薄い人が多かったので、今度は２万６０００円くらいもする高級なコードバン（馬革）の生地を使って、名刺入れをつくってみました。

すごく高い生地なので、失敗したらえらいことになりますけど、この頃になるとだんだんミシンの作業が楽しくなってきたんです。私はもともとミシンができなかったのですが、できない私が、この高い革で名刺入れをつくれるようになったら、すごいんちゃうかと思う気持ちもあって。

そうしたら無事に完成しまして、それを見せたら今まで一歩引いていた人たちも「いや、それやったらこのミシン、見せて欲しいわ！」とか「俺にもつくって欲しい！」と、一気に態度が変わりました。

やはり、相手に完成品を見せてイメージしてもらうことが大事なんですよね。「ＯＴＯＫＯミシン」とか言われてもイメージが湧かないし、単に男性向けのミシンをつくりたいというこちらの想いを語っても、相手には伝わらない。

でも、たとえば料理ができない人でも、北海道の蝦夷《えぞ》あわびとかボタンエビなどのいい素材を見たら、ちょっと焼いてみたいとか、料理してみたいとか思いますよね。それと同じで、相手が興味を持つものを見せたら、イメージが湧いて自分でもやってみたくなるんですよね。

そんなふうに、周囲の人が変化していく様子を見て、「これはいける」と思って挑戦してみたのが「ＴＯＫＹＯ ＯＴＯＫＯミシン」なんです。

うまくいくかいかないかは、トップがやりたいと思えるかどうか

西口　たしかにコンセプトを長々と説明するよりも、最終的にできるものを見せられるとイメージが湧いてきて、「それ欲しい！」という人が増えるというのは、よくありますね。

それから、私も投資やコンサルティングの支援をさせていただく中でいろいろな企業の話をうかがっているのですが、うまくいっている会社と、うまくいっていない会社の差って、まさに山﨑社長がおっしゃっていたことなんです。

個別の名前も顔も見える誰かが欲しいと言っているものを拾い上げて、それを広げていっている会社はうまくいっているけれども、最初から売上だけを狙いにいって、顔も名前もわからない「顧客」とか「客」っていう言葉を使っている会社は、苦労されているんですね。

今はマーケットが縮小して価格競争に巻き込まれて苦労されている会社も多いですが、そういう会社に山﨑社長から何かアドバイスはありますか？

山﨑　自分が言うのもおこがましいと思うのですが、実際の経験から言わせていただくと、自分

でヒアリングをしたり、人の意見を聞いたりする以前は、やはりどこか他人事で、僕自身の中に「軸」がまったくありませんでした。

そんな状態では、社員や会社を背負って「これで勝負する」と舵を切ることもできませんでしたし、むしろ他人事のままの自分がそれをしても、途中で迷ってしまうと思うんですね。

でも、ターゲットを絞って、どうやったらその人たちに振り向いてもらえるのか、今はなぜ振り向いてもらえないのかということを聞いていくうちに、その過程で出てきた誰かの言葉や、ふとした表情などに心を動かされることがよくあったんです。

すると、何かに困っている人がいたら、なんとかお役に立ちたいとか、この状況を変えたいと本気で思うようになりましたし、相手の言葉から次のチャンスを感じることもありました。

そのような経験を重ねていくことで、「よし、これでいこう！」と、はじめて自信を持って舵を切れるようになったんです。途中で「これでいいのか？」と迷うこともなくなりました。

いろいろな方の話を聞いて、自分たちがやるべきことが見えてきたら、そこではじめて会社を背負って勝負できるようになったと思うんです。

経営者や事業責任者の多くは、顧客のヒアリングをほかの社員や業者に任せることも多いでしょうし、そもそも「そんなことは常識だ」とか「すでにわかっている」と言って、やらない方も多いですよね。

でも、やはり西口さんがいつもおっしゃっている「顧客起点」というのは本当に重要で、経営者やトップの心が動かされない状況で事業を進めていくと、何のためにその会社があって、何のためにその事業をやるのかということが曖昧になってしまうのではないかと。

もちろん、いろいろな会社さんのやり方があると思いますが、少なくとも弊社の場合、思いきって舵を切るためには、やはりお客様にちゃんと向き合うことが大事だと考えています。

お客様に向き合った結果、思いきって挑戦してみたら、最初は小さなインパクトでも徐々に大きくなっていくことも多い気がしています。

そして、そういうスタンスでやっていけば、会社自体も少しでもいい方向に向いていくのではないかと思うんです。

弊社の営業スタンスを説明するとき、私はよく「ビフォア・アフター」という言葉を使っているのですが、弊社の「ビフォア」は、自社のミシンをお願いばかりしていた営業スタイルです。

とにかく「弊社のミシンはこんなミシンです」「なんとかお願いします」と相手の都合や状態に関係なく、自社のことしか考えずに営業に走り回っていました。

でも、それだと主導権は向こうにあるし、利益率も悪いし、そもそも世の中に必要とされていなかったわけです。

今では、お客様に「ええやん」と思ってもらえるかどうかを考えるスタンスに変わっています。

それが弊社の「アフター」です。

西口　それ、大きいです。しかも、トップが自分で聞くか聞かないかで、圧倒的に差が出てきます。伝え聞くところによると、ニトリの似鳥昭雄会長も、ファーストリテイリングの柳井正社長も、今も自分の目で見て、自分の耳で聞いたことを大事にされてトップダウンで判断されることが多いようです。

やはり、うまくいくか、いかないかは、経営トップや意思決定者がそこまでやりたいと思えるかどうかの違いだと思うんです。

だから、ノウハウ的にこうやったらN1分析はできます、という話はある程度はできるのですが、それを言わなくても山﨑社長のようにやる方はやるし、言ってもやらない方はやらないですね。「いや、今うちの部門にN1分析やらせてますから」と言うトップや事業責任者の方も多いのですが、本当はそのトップや事業責任者の方がやらないと、変わっていきません。支援させていただいている企業にはそういうお話はずっとしていて、まさにそういうことを山﨑社長からリアルな言葉でいただけたのはうれしいですね。

山﨑　私はそれまで、大勢の人に調査するアンケート調査や量的調査などもいろいろやってきたのですが、「○百人のうち、○パーセントの人がこう感じています」という話を聞いても、そういう人たちがどんな顔をしながら、どんな想いでこのアンケートに答えているんだろうという部分が見えないので、やはりそこには勝負をかけられないと思ってしまうんですよね。

勝負をかけるなら、やはり自分の目で見て、自分の耳で聞いて、そのうえで判断したいと思っているので、普段からそれを実践するようにしています。

西口　おっしゃられたように、アンケート調査というのは1人ひとりのお客様の声を聞くという行動が伴ってはじめて役に立つもので、調査結果を見ているだけではあまり役に立ちません。数字が大きいか小さいかは、成功を保証しないのです。それよりも、1人のお客様を動かすことに特化したほうがうまくいきます。

考えてみると、これまでのヒット商品にも、どちらかというと経営トップが欲しいと思ったからつくったとか、自分の周りの人の悩み事を解決するためにつくったというものが多いですよね。やはり、うまくいっている企業というのは、それが経営者の思い込みであれ、誰かの問題解決のためであれ、とにかく顔も名前も見える「1人」に対する想いが大きいのだと思います。

結局は、絶対にそれが欲しい、それをつくってくれという人が現れるかどうかがポイントなんです。

たとえば、さっきおっしゃられたコードバンで名刺入れをつくってみたら欲しい人が出てきたというお話と一緒で、いろいろなものの中から「欲しい」と言われるものを見つけてきて、つくるというケースがありますよね。

一方で、たとえば新しい技術ができたから、よくわからないけれど製品をつくってみたら、それを「欲しい」と言う人が広がっていったというケースもあります。

海のものとも山のものともわからないけれど、発表してみたら「これ欲しい」という人が現れるかもしれませんし、ほとんど欲しい人がいなくて終わるかもしれません。

もちろん何の兆しも見えなければやめたほうがいいと思いますが、ただ明らかに「外れ値」、つまり、これまでの延長線上ではないところに点を打つというのは、非常に重要なことです。

どちらのケースもありだと思いますが、どちらも大事なのは、「実在する具体的な誰かが絶対に欲しい」というところからスタートすることです。

これはいわゆる「ニッチ戦略」というものですね。どんな巨人なブランドも事業も、例外なく出発点はニッチなんです。差別化や独自化が大事だということは多くの人が知っているのですが、ニッチとか外れ値は視界に入らず、結果として出来上がった巨大な市場に意識が向いてしまうのです。そのため、「Ｎ１分析」でニッチを考えるというのは、実際にやられる方はあまり多くはないんですよね。なので、戦略として有効だと思います。

山﨑　**私は「Ｎ１分析」という言葉自体は知っていたのですが、恥ずかしながら、あるときまで、きちんとその意味は理解していなかったんです。**

ただ、雑誌記事の取材を受けたときに、「N1分析でヒットしたミシン」といったタイトルが付いていたので、「ああ、自分がやってきたのはN1分析やったんか」と思って「N1」について調べはじめたのです。

そこで、大きな衝撃を受けました。というのも、それまでは自分のやり方が合っているのかもわからないし、もしかしたら良くないかもしれないと思っていたんですが、西口さんの本を拝読したら、「N1分析」では20人くらいに話を聞けばいいという話があって。

さきほどのアンケート調査の話ではないですが、こういうのって、なんとなく100人とか200人とか、何なら1000人くらいの人に聞かなければ、マーケティング的には足りないと言われるような雰囲気が世の中的にあるじゃないですか。たくさんの人に聞かないと、意味がないというような。

しかし、数の多さよりも深さのほうが大事で、人数が少なくてもじっくり話を聞いて、心を動かされることが重要だと思っていたのですが、まさにそういうことを西口さんが書いていらしたので「すごい!」と思って。

私はとくにロジックも何もなく、感覚でやってきた人間ですが、西口さんはしっかりロジックで体系化されて、20人という数を出されていたのが衝撃的だったんです。

西口　逆に、私は山﨑社長のお話を聞いて、修羅場をくぐってプレッシャーを感じ続けてきた方の言葉はやっぱり強いと実感しましたね。いろいろな経営トップや事業主さん、スタートアップの方など、多くの人に聞いて欲しいお話です。

今って何かあるとすぐに「それってスケールするの（大きくなるの）？」と聞く人が多いのですが、すぐにスケールすると言えるのはだいたいダメになる可能性が高いです。スケールするかどうかわからないから大きなチャンスがあるとも言えます。

成熟したマーケットで
独自の便益を築く
「熱心な素人集団」による「N１分析」

株式会社シロク

近年、化粧品・コスメのD２Cブランドにおける成功例として話題の「N organic」（エヌオーガニック）。高品質なオーガニック成分と独自にブレンドされた100％精油のエッセンシャルオイルが「香る自然派スキンケア」として忙しい女性たちから熱い支持を得ています。

この「N organic」を運営する株式会社シロクは、スマートフォンなどの次世代端末・モバイル・インターネットを利用した各種情報提供サービスの企画や制作、運営を行うスタートアップです。

同社は「Growth Push」などのB to B向け事業や、「My365」といったB to C向け事業などさまざまな事業を展開しており、その根底にあるのは「N１＝お客様」の声を活かす「顧客起点」の経営です。

成長を続けるスタートアップにおいて、「N１分析」をどのように活かしビジネスの拡大につなげているのかをうかがいました。

インタビューイー／飯塚勇太（いいづか・ゆうた）氏

株式会社シロク代表取締役社長。1990年神奈川県生まれ。慶應義塾大学経済学部卒業。2011年、サイバーエージェントの内定者時代に、友人らと開発・運営した写真を１日１枚投稿し共有するスマートフォンアプリ「My365」を立ち上げ、21歳で株式会社シロク設立と同時に代表取締役社長に就任（現任）。2014年、当時最年少の24歳でサイバーエージェントの執行役員に就任。2020年サイバーエージェント専務執行役員に就任（現任）。そのほか、株式会社シーエー・モバイル、株式会社タップルの取締役を務める。

インタビューイー／向山雄登（むこうやま・ゆうと）氏

株式会社シロク専務取締役。1987年京都府生まれ。神戸大学経営学部卒業。学生時代に飯塚氏とともに「My365」を立ち上げ、株式会社シロク取締役に就任。さまざまな新規事業を立ち上げ、2017年からは「N organic」のマーケティング責任者を務める。

コスメの「常識」に染まらなかったからこそできた高品質なオーガニック

西口　スキンケアのコスメ分野というのは多数のブランドがあり、競合も多いだけに、実際に黒字を達成しているブランドはそう多くありません。

赤字運営されているところも少なくない中で、オーガニックコスメブランドとして高い支持を受けている「N organic」は売上を公表されていないものの、その難関をすでにクリアされ、D２C市場で成功を収めていることで知られています。

まずは、ブランドを立ち上げられた向山さんに、立ち上げ当時の経緯からお話をうかがいたいと思います。

‖ N organic　ローション・セラムセット

向山　「N organic」は、2017年5月に「自然の力で素肌と心を美しく導く」というコンセプトで立ち

上げた自然派スキンケアブランドで、6年間で会員数は300万人を超えております。
ブランドのスタート時はスキンケア商品だけでしたが、今ではヘアケア商品やハンドソープ、入浴剤などのライフスタイル商品も提供しています。

弊社はもともとモバイルやインターネットを利用したさまざまなサービスを提供する企業で、この「N organic」のときも、ECサイトで新しいブランドを立ち上げようと多様なカテゴリーを検討していました。

そんなとき、当時ブランドマネジャーを務めていた女性が「オーガニックコスメのブランドをつくりたい」という強い意欲を持っていたんですね。

また、当時はインターネット上で確立した世界観を打ち出しているスキンケアブランドが少なかったことも後押しになりました。

オーガニックは世の中的にはトレンドになりつつあったものの、当時のWEB市場ではどちらかと言えば肌に良いなどの便益や成分を前面に出しているコスメブランドが多かったので、オーガニックのスキンケアブランドを打ち出すことで、もしかしたら新しい可能性があるのではないかと考えたのです。

初期の頃は、ベーシックケアラインとして、ローション（化粧水）とセラム（美容乳液）のセットで販売していました。

広告で集客するかたちではじめたのですが、やはり最初はネットで1日に数件、せいぜい十数件しか購入がないという時期が1〜2カ月ほどありましたね。私たちにもコスメ業界の知見がなかったため、当時は暗闇の中を手探りで進んでいるという感じでした。

そのような中、販売をスタートして2、3カ月経った頃に、1つの転機がありました。

商品を購入してくださったお客様に、しばらく使用された後にお話をうかがい、その際、「香りが良い」とおっしゃる方が多かったのです。

香りは柑橘系を中心とした精油のブレンドによるもので、植物由来の成分にこだわってはいましたが、そもそもスキンケア商品というのは肌に対する成分がメインだと考えていたので、私たちも香り自体はあまり押し出していませんでした。

たとえば、LP（Landing Page）でも特徴の3つ目に入れる程度の要素だったのですが、購入してくださった方が継続している理由に「香りの良さ」をあげてくださることが多いのです。

また、当時は私もスキンケアには詳しくありませんでしたが、毎日鼻の周りにも付けますので、たしかに香りが良いほうがリラックスできるなというのは、自分自身の体感としても強く感じていました。

それなら、プロダクトのコミュニケーションを「香り」中心にしてみようということになり、「精油の香りが良いスキンケア」というクリエイティブに変えたところ、販売数が大きく跳ねたんです。

西口　なるほど。私もこれまでコスメ業界やスキンケアはいくつも経験してきましたが、たしかに、スキンケアに柑橘系の香りを入れる発想というのは一般的ではないので、選択肢として思い浮かばないですね。

向山　そうですね。私たちもスキンケア製品や精油の香りを何百本も嗅いで試してみましたが、柑橘系のものはほとんどありませんでした。

当初、香りに関してはサブ的に考えていたので、「柑橘系の香りがしたら、なんか気持ちが良さそうだね」くらいのノリで、当時あまりスキンケアにはなかった柑橘系をチョイスしてみたという感じでした。単純に、ブランドマネジャーの女性と私の好みで決めたわけです。

ただ、実際に製品をお客様に使っていただいたら、その香りが継続のための一番のベネフィットになっていたんですね。たまたま合成香料をいっさい使わず、１００％天然の精油で香りをつくっていたこともありましたので、それなら、そこをメインに訴求してみようと考えました。

西口　常識で考えてしまうと、オーガニックの精油の難しいところは、エグみが出ることがあって、精製した合成香料で香り付けしたほうが簡単かもしれないとの結論になりますね。

向山　製品をつくっているＯＥＭのメーカーさんも、たしかに、最初はびっくりされましたね。１００％天然の精油だと原価も高くなりますし、本当にそれでいくのかという反応もありました。

でも私たちとしては、オーガニックと言うからには１００％天然の精油がいいと判断し、それでつくっていただきました。

そもそも当時は、原価についても何が安くて何が高いのかもよくわかっておらず、まずは自分たちのつくりたいものをつくるということでやってきました。わからなさ過ぎたので、最初は１０００ロットだけつくって、はじめたというのが正直なところです。

西口　他社で柑橘系の香りを使った製品はあまりなかったけれども、おふたりが好きだからそれを選ばれたと。すごい勇気ですが、これは重要な話で、それが独自性となったわけですね。

おそらく「スキンケアに柑橘系はあまり使わない」とか「合成香料のほうが安くて使いやすい」といったコスメ業界の「常識」を持たれなかったのが、むしろ強みになったのでしょうね。

勘違いとも言える思い込みで突っ走って、常識を無視していいものをつくるというのはスタートアップらしさを感じます。もちろん、いい意味で、ですよ（笑）。

「N organic」のことは、当然コスメ業界の人はみな知っていますし、どんな商品開発をしてきたか気にしている企業も多いと思いますが、これは大手には到底できない商品開発ですよね。

向山　いや、本当にコスメ業界のことがわからなさ過ぎて、単に自分たちがつくりたいものをつくってきたという感じで、当時は本当にノーロジックでしたね（笑）。

「香りで癒やされる」というインサイトの発見

向山　そんなふうに発売から3カ月くらいで多数のお客様から「香りが良い」という声をいただいたので、その便益を押していったのですが、その後にもう一度転機がありまして。

チームにいたあるメンバーが出産して、産休後に仕事に復帰していたのですが、本当に忙しかったそうなんです。毎日バタバタしていて、子どもたちが寝るまで目が回るほど忙しく、子どもたちが寝た後もやることが多くて、ゆっくりする暇もまったくないと。

でも、そのメンバーがこう言っていたんです。「ただ、スキンケアの瞬間だけは癒やされる。この『N organic』の香りだったら」。

それを聞いたとき、このメッセージをお客様に伝えたら、とくに日々の仕事や子育てで忙しい女性には刺さるかもしれないと考えたのです。

当時の私は「インサイト」というワードも知らなかったのですが、後から振り返ると、忙しい女

「N organic Vie」のローション・クリーム・リンクルパックエッセンス

性がスキンケアを通してちょっとした癒やしが得られるというのが、「N organic」のインサイトなんじゃないかと思ったんですね。

そこで、広告で訴求するクリエイティブを「精油の香りが良いスキンケア」から、「精油の香りで忙しい日々が癒やされるスキンケア」へ変えたところ、また売上が大きく伸びました。

さらに、ここから広告にインフルエンサーさんやモデルさんを立てるようになりました。とくにお子さんのいらっしゃるインフルエンサーさんや、実際にインサイトを求めて「N organic」を愛用してくださる方にアサインさせていただいて、WEBで商品のことを語っていただいたら、すごく売上が伸びていったという流れがありました。

西口　スキンケア商品というのは一般的なやり

方でいくと、保湿力や浸透力などを競う方向に向かいがちですよね。いわゆる大手企業の保湿分野で勝負にいって、ダメになってしまうパターンも多いのですが、「N organic」はあえてそこをど真ん中に据えずに、「香り」や「癒やし」のほうに持っていかれたということですね。

向山　やっぱりお客様が癒やしの瞬間について、うれしそうに語られているのが印象的だったんですね。「この商品でこう癒やされた」ということを、すごい熱量で語ってくださる方が何人もいらっしゃって。「もちろん、保湿もいいんだけどね」ともおっしゃるのですが、とにかく癒やされることを強調される方が多かったんです。

それを聞いていたら、「これは間違いない、これこそ自分たちが推すべきところなんだ」と思いましたね。

そこで、その次はＷＥＢだけではなく、ＣＭでも表現してみようと、徐々に違うＨＯＷに変わっていきました。

不完全でもいいから、早くアップデートする

西口　まさに「N1分析」ですね。そもそも御社がなぜそういうことを意識されるようになったのか、非常に興味があります。

というのも、個別のお客様のお話からそうやって広げていくやり方というのは、一般的ではないですよね。ニーズの大きなところを狙っていく会社さんのほうが圧倒的に多い。ただ、それだと結果的にうまくいかないことも多いのです。ニーズの大きなところには、もう競合がいっぱいひしめき合っていますから。

だからこそ、私は「N1分析」がすごく大切だと考えているのですが、これまでお話をうかがっていると、御社はそういうことを普通にやられているわけですよね。いつから個々のお客様のことを意識されるようになったのですか？

向山　インターネットサービスやアプリをつくるときもそうなんですけれど、弊社には「不完全でもいいからサービスを早く出して、お客様の声を聞きながらアップデートしていこう」という文化があるんです。小さくつくって早く反映するということです。その結果、プロダクトそのものをすぐに改善するのは難しいとしても、お客様に対するコミュニケーションを改善することはできますから。

また、「N organic」は「定期便」というサブスクリプション型なので、普段からお客様とコミュニケーションをとっていないと続けていただけません。ですから、最初からお客様の声は大事にしていましたね。
それに西口さんの本もよく読んでいまして、周りのメンバーにも普及させていたので、そこから大いに参考にさせていただきました。

西口 ありがとうございます。非常に光栄です。でも向山さんや飯塚さんのほうが、はるか先を行っているんじゃないかと思います。

ところで、お客様とコミュニケーションをとって直接お話を聞くのは、どのくらいの頻度でやられているんですか？

向山 やっている回数はとても多いですね。コロナ禍からはZoomでのインタビューも当たり前になりましたので、今だと1日に1人は誰かしらN1インタビューをしていますし、1日に2人インタビューすることもありますね。私自身がインタビュアーになることもよくあります。

ロイヤルのお客様に対してはもちろん、まだ弊社の商品を使ったことのない未認知・未利用の方にもお声がけして、インタビューさせていただいています。

西口 ということは、部内で毎日いろいろな発見があるということですね。お客様がこんなことを言っていたから、次はこうしたらどうだろうとか、これはダメだったとか、そこで学ばれたことをベースに次の行動を決めて高速でＰＤＣＡを回されていると思います。向山さんと社長の飯塚さんの間では、それをどのように共有されているのですか？

向山　シロクはすべてをオープンにするというスタイルなので、Ｎ１インタビューで聞いて、次はこういう施策をしようと考えたら、Slackに書き込みます。社長である飯塚もそれを見ていて、よほどのことがない限り、止めることはないですね。

その結果、お客様に良い反応をいただくクリエイティブができたというトピックも順次あげていくので、それを見て飯塚がキャッチアップするという流れです。

ＰＤＣＡという意味で言えば、商品自体に関しては、事前にコンセプトシートをつくって、それを確認しながらインタビューを進めています。

西口さんがよく指摘されているように、お客様も毎日変化しているんですよね。とくにここ数年はコロナもありましたし、スマホやＳＮＳやインターネットサービスもどんどん進化しているので、お客様のインサイトも劇的に変わっていると感じています。ですから、常に早くキャッチアップしてついていかなければと思っています。

インタビューで押さえるポイントは、ロイヤル化する「強い瞬間」

西口　これは参考になる会社も多いと思いますし、とくにスタートアップは参考になるだろうなと思いますね。

そもそも、最初から「N1分析」をやってドンピシャで当たったというケースはまずなくて、だいたいズレているんですよね。でも、そこでそのズレを次にどう反映できるかによって大きな違いが出てくるのですが、それを反映できていない会社も多いです。製品を出しました、目論見通りにいきませんでした、ダメでした……で終わってしまう。

いや、そこで諦めずに、買ってくださったお客様を解像度高く追いかければいいのですが。ダメだったと言っても、買ってくれた方は1人はいるはずです。その人はどんな人ですか、と。それが想定外な人だったとしても、その想定外な人が未来のお客様なのかもしれませんよ、という話は常にしているんですけど、そこで諦めてしまう会社が多いんですよね。

でも、シロクのように、顧客の声を聞いてアップデートしていける会社は永遠に負けないと思います。何かあったとしても、自分たちでピボットしていけますから。

向山　いや、想定外と言えば、当初は私たちのＷＨＯの設定もすごく粗かったんですよ。ブランドのスタートの際には、一応ペルソナ的なものをつくって、30代の働く女性をイメージしていたんですね。

しかし、最初にネットで買ってくださったお客様がそのペルソナとは全然違って、40代の女性だったんです。想定していたお客様とは違うし、これは全然わからないなと感じて、すぐそのお客様のところへお話を聞きに行きました。結果的に、最初のペルソナとは違うということがわかって、そのペルソナは瞬間的になくなりました。

西口　それ、「マーケティングあるある」ですね。そのほかに、実際に「N1分析」をされていて重要だと思われるポイントはありましたか？

向山　じつは、西口さんの本を読んで一番衝撃的だったのは、「次回購入意向（ＮＰＩ）」という指標を知ったことでした。一般的にブランディングの指標として知られる「ＮＰＳ（ネット・プロモーター・スコア／顧客ロイヤルティを数値化する指標）」に、私はしっくりきていなかったんですね。それよりも、「次も同じブランドを買いたいか」を尋ねた結果というのは、非常にわかりやすいですよね。たくさんの商品がある中で次も購入する、と答えてくださるということは有効な先行指標になります。

向山さんが参考にされた「顧客ピラミッド」作成のための調査ツリー

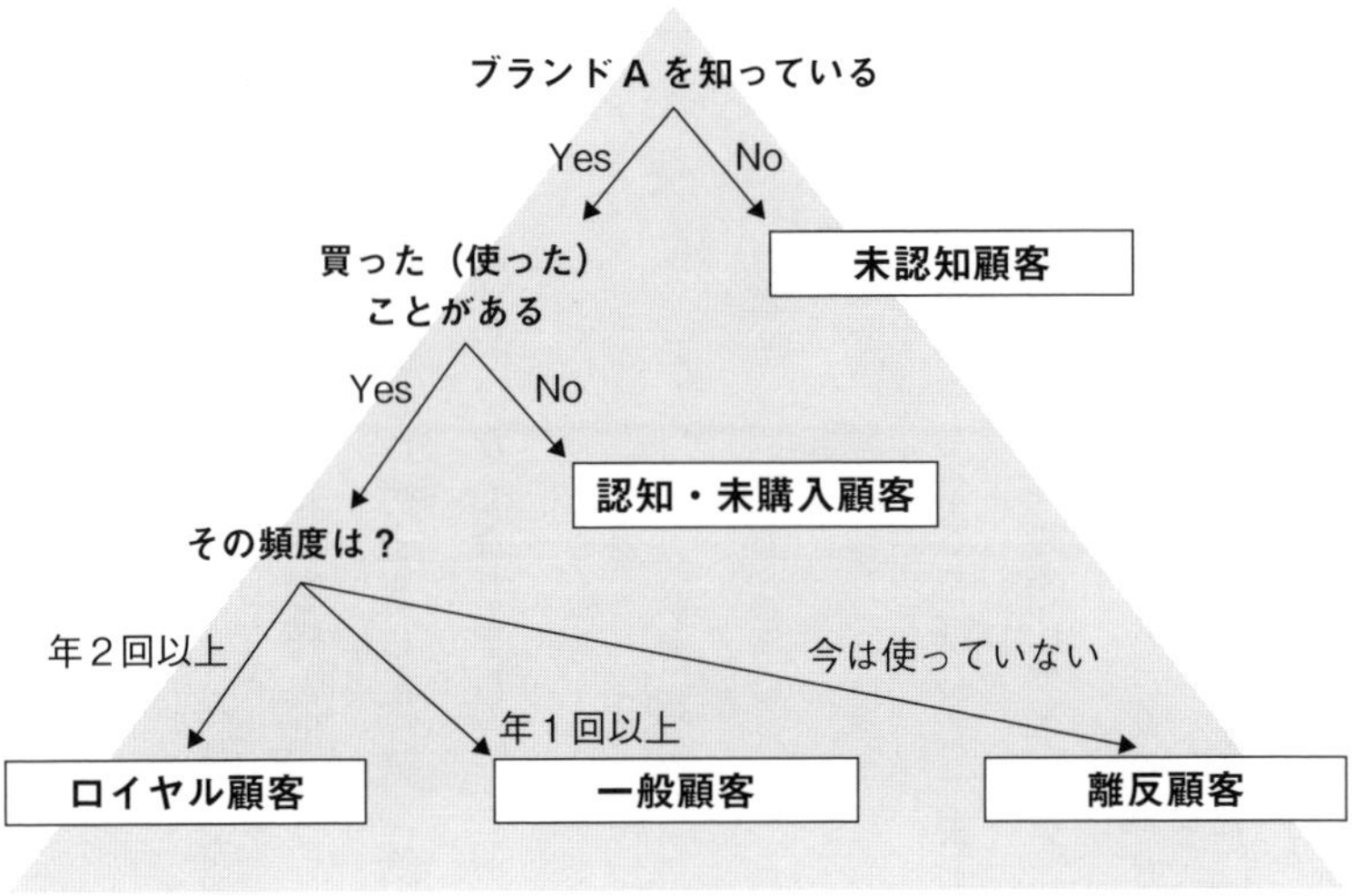

それで、西口さんが提示されていた図（上の図）を参考にして、インタビューの方法も大きく変えました。お客様がロイヤル顧客になってくださった「強い瞬間」を見つけるようになったのです。

それまでは、カスタマージャーニーをなぞるようになんとなく聞いていたのですが、途中からは、ロイヤル顧客の購入意向が上がる強い瞬間や、一般顧客がロイヤル顧客になる強い瞬間というのを意識して、解像度高く聞くようになりました。

やはり、お客様が商品を買ってくださって、さらに次も買おうと思ってくださった瞬間というのは、インタビューでしっかり引き出さないといけないと思うようになりましたね。

N＝１のカスタマージャーニーを描く

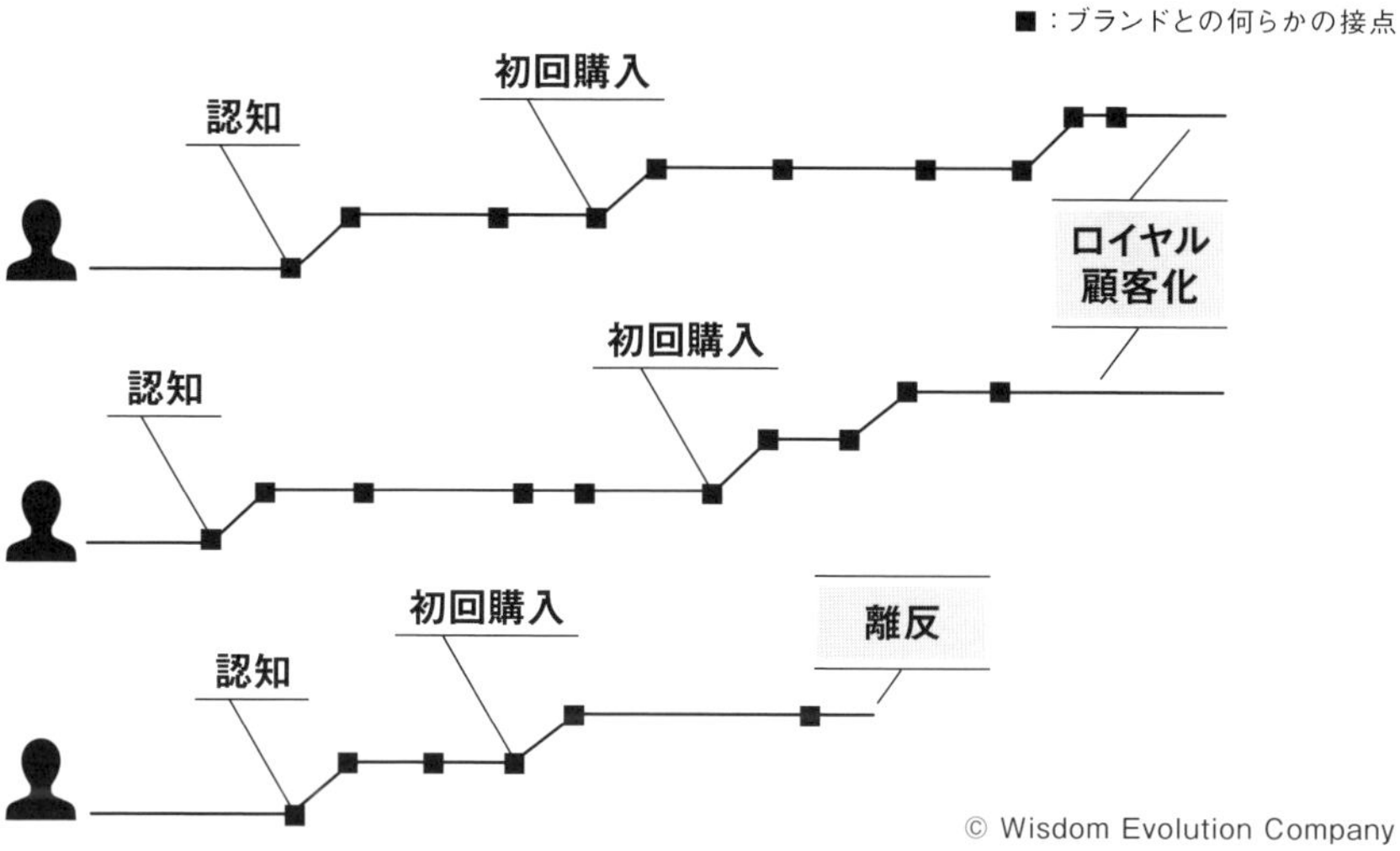

西口　お客様の意思や行動が変わったポイントを、４Ｗ１Ｈ（いつ・どこで・誰が・何を・どうやって）の質問で深掘りしていって、インサイトを探るということですね。

向山　はい。以前は流れるようにわーっと聞いていたんですけれど、今は変化の強い瞬間について、かなり細かく聞くようにしています。

たとえば、化粧品を買いたくなった瞬間について聞くと、「インフルエンサーの◯◯さんの投稿を見たから」ということを言われる方が多いのですが、それだけで終わらずに、その◯◯さんが、いつ、どんなことを言ったのかまで細かく聞いています。

また、だいたい１人の方の言動で購入の意向が決まることは少なくて、Ａさんが言って、Bさんが言って、最後にCさんが言ったから購入した、ということも多いんですよね。その流れを、4W1Hで「いつ、どこで、誰が、何を、どうやって」と本当に細かく聞いていって、さらにそのときにどう思ったのかということも聞きますし、具体的にどんなワードが印象に残っているかなども聞いたりしています。

やはり大事なことは、次回の購入の意向につながる瞬間や、ロイヤル顧客化する強い瞬間を見つけるところかなと思っています。

何より、こうしてお客様を深掘りしていくインタビューって、めちゃくちゃ面白いんですよね。また、スキンケアはとくにそうだと思うのですが、企業よりお客様のほうが詳しいということもよくあります。日頃からYouTubeやTikTokを見て研究されている方も多いですし、私たちよりお客様のほうが詳しいことってたくさんあるんですよね。

ですから、インタビューをしている最中にお客様から教えていただくケースもよくあるのですが、そもそも「自分たちよりも、お客様のほうが詳しいからおうかがいする」という想いを持ってインタビューに臨むことも大事だと思っています。

西口　本当にその通りだと思います。根っこの部分でお客様に対するリスペクトが低い会社というのは、じつは多いんですよ。自分たちのほうがプロだと思い込んでいて、無意識にお客様を下のポジションに置いている会社は、そもそもお客様に対する興味も薄くなります。

一方で、お客様は言葉にこそできていないかもしれないけれども、お客様のほうがよく知っていて、お客様こそリアリティだと意識している会社もあって、そういう会社は、お客様への理解がブレると自分たちはダメになる、ということもしっかりわかっています。


たとえば、シロクのように「お客様」という呼び方をするのか、もしくは「客」という呼び方をするのか、あるいは「消費者」という呼び方をするのか、「ユーザー」と言うのか、この呼び方１つとっても大きな差があったりします。


私もいろいろな会社のお話をうかがう機会が多いのですが、最初から「うちの客はね」と言っているところは、「うわ、なんか困ったサインが出ているな」と警戒しますよ（笑）。

「お客様」と呼んでいない場合には、だいたいそういう「自分たちのほうが上」という意識が働いていることが多いんです。

それにしても、こんなふうに最初からしっかりお客様と向き合えている会社は少ないので、シロクは率直にすごい会社だなと思います。

大きなマーケットで、ニッチな提案からはじめる

西口　ここからは、シロクの社長の飯塚さんにもお話をうかがいたいと思います。さきほど「N1分析」の結果がSlackに反映されるというお話がありましたが、飯塚さんは、「N organic」の事業以外にも、社員からの報告を全部見ているんですか？

飯塚　全部見ていますね。それに対してコメントをするときも、しないときもあります。私は普段から打ち合わせを極力減らしていて、基本的にすべてテキストベースで見ているので、みなの報告を見て、必要に応じて首を突っ込んでいくというスタイルです。直営店の日報も全部そのようにして見ています。

西口　それはまさにずっと結果を出し続ける大経営者のパターンと同じですね。うまくいっている企業の経営者の方って、現場や顧客の情報を継続的に吸い上げているんですよ。

社長が社員のやっていることを全部知っていて細かく見ている状態というのは、社員からすればマイクロマネジメント的で鬱陶《うっとう》しいと感じるかもしれませんが、社員への説明作業や承認プロセス

が少なくて済みますから、結果的にはそのほうがいいはずですよ。むしろ、普段は社長が社員のことを見ていないのに、ときどき、「頑張ってるか。最近どうだ」みたいに入ってくるほうが、やりにくいですよね。何も知らない社長に、どこから話していいかもわからない。

では、飯塚さんは社員からの報告を見て反対や懸念を伝えることはあまりないんですか？

飯塚　インターネットもＷＥＢも小さく試せるので、試してみて効果が出たら、それを継続して、さらに規模を大きくしていけますし、たとえば広告への反応が良くなかったら、また検討し直して次の手を打つこともできます。社員がみなそのようなかたちで回しているので、あまり反対することはないですね。

「N organic」をはじめるときも、単品通販のようなモデルをやりたいと突然言い出したのは私なのですが、それ以降は、基本的にスタッフのクリエイターとしての気持ちを優先するようにしているので、そのままやってもらおうと思っていました。

当たるかどうかはまったくわからなかったのですが、とにかく「いつも熱心な素人集団でいよう」というコンセプトでやっていますね。

西口　「熱心な素人集団」は面白いコンセプトですね。ということは、過去の事例があるのかとか、売れる見込みがあるのかとか、そういう話はあまりされないということですか？

飯塚　することもありますけれど、かなりしないほうの社長だと思います。「N organic」をはじめるときも、あまり細かい話はせずに、大きな目標をめがけて小さく収まらない商品をつくっていこうという話はしていましたね。

少なくとも年商1000億円程度の規模感で挑戦できる市場に参入したいと考えていた中で見つけた化粧品事業だったので、小さくまとまらないで展開していこうと話していました。単にインターネットサービスを拡張していくだけの事業ではなく、もっと大きなスケールの事業を手掛けるためにこの業界に参入したので、そういう意味でも小さくまとまらないでやっていこうと言っていたわけです。

西口　年商1000億円というと、じつは「SK－Ⅱ」が何年もかかって到達したレベルなんです。普通はそういう大きなブランドを、まず真似しようとしますよね。化粧水のブランドはたくさんありますが、その中で1000億円いっているのはどんなブランドかとベンチマーキングしていって、そこに合わせていく。

それで何が起こるかというと、フォロワー戦略をとって、トップ企業に追随します。その結果、独自化とは言えない微妙な比較級での「差別化の沼」にハマるんです。

でも、シロクは小さくまとまらずに、もっと大きくしていきたいと考えていたわけですね。それで化粧水と乳液という大きなマーケットを選んだけれども、攻め方としては非常にニッチなところからはじめられた。

　これは結果論で言うと、成功パターンなんですよね。私もいろいろな会社を見てきましたが、汎用性のある大きなマーケットで、最初は独自なエッジを立ててニッチな独自の便益の提案からはじめるというのは、勝ちパターンにつながることが多いです。

飯塚　もともとわれわれの起点というのは、「My365」という写真共有アプリなんですね。これは向山とも一緒にやってつくったプロダクトで、カレンダー形式のインターフェースに、1日1枚しかアップロードできないというものです。すごくエッジが効いていて、結果的には非常に多くの方に使っていただけたという体感がありました。

　ですから、やはり自分たちがつくりたいものをつくることが重要だと考えているんですね。

　会社のフィロソフィーとしても、今は存在していないけれども、自分たちが本当に欲しいと思うものをつくろうと決め

写真共有アプリ「My365」

ています。そのカテゴリー自体が大きければ、まあなんとかなるだろうとポジティブに考えているところがありますね。

西口　そうした成功体験を飯塚さんと一緒に向山さんも持たれていたのですね。その体験の価値は非常に大きいと思いますね。

通常、年商1000億円規模の事業を狙おうと思ったら、トップ企業をベンチマークして、その焼き直しをするとか、あるいはそれより突出するものをつくろうとか、それよりお手軽にできるものにしようとか、とにかく彼らのつくり上げた便益のエリアで勝負をかけることが多いけれども、飯塚さんや向山さんたちは過去にエッジの立ったもので勝負したら事業が大きくなったという体験をお持ちだったからこそ、今も独自の便益で挑戦できているんですね。

「顧客の声を聞き続けること」は経営指標の1つ

西口　ところで、会社としては「N1分析」をどのように考えていらっしゃいますか？

向山　ブランド事業というのはお客様が中心になりますし、そのお客様に買っていただけるプロダクトを届けていくためには、やはり「Ｎ１分析」が根幹になると思っています。

とくにプロダクトやブランドにおいて新しいＷＨＯとＷＨＡＴの組み合わせを見つけていくというのは、事業を成長させていくうえでは欠かせないところですね。会社のカルチャー的にはＷＨＯがわかっていなくて、ＨＯＷだけという人はけっこうボコボコに言われますね。

西口　すごく納得します。飯塚さんはいかがですか？

飯塚　私は経営者としてユニクロの柳井正さんが大好きなのですが、柳井さんはドラッカーがお好きだと言いますよね。そのドラッカーの有名な言葉に「顧客の創造」というものがあり、顧客を創造するためには、やはり「Ｎ１分析」は必然だと考えています。

結局、われわれは自分たちが欲しいと思い、なおかつお客様も欲しいと思ってもらえるものを魂込めてつくるというのを十数年間やってきている会社なんですよね。

その重なり合いを見つけるためにもお客様の声を聞くことは重要ですし、単に重なり合っているものを探すだけではなくて、自分たちがつくりたいものとお客様のニーズをマリアージュさせていくという発想も大切にしたいと思っています。

自分たちの原点回帰のためにも、「Ｎ１分析」というのはリーダー層も含めてずっとやり続けるものだと考えていますね。

西口　まさにです。しかし、御社で当たり前のようにやられている、お客様の声から帰納的に物事を考えるということをやられていない会社も非常に多いですよね。

向山　たしかに「N1インタビュー」をやるときには、準備も大変だと思うかもしれませんが、じつは私たちはそれ以外にもう1つやっていることがありまして。

まず、お客様からレビューをいただくんですね。それも、アットコスメさんのような総合サイトのクチコミではなくて、「N organic」だけにクローズドでいただくレビューです。

それを見ていると、商品の何が良いと思い買っていただいたり、使っていただけているとか、こういうインサイトもあるのかということがたくさん見つけられるんです。

ですから、「N1インタビュー」の前に、自社商品のクチコミを見られるようにするというのも1つの方法だと思います。

そのクチコミの中で気になる発言や深掘りしたい声があったら、インタビューにつなげることもできますよね。

西口　たしかにフィードバックをまとめるシステムは多くの企業が持っていますが、普段からフィードバックを見ているマーケティングのトップや事業責任者、経営者にはあまりお会いしたことがないですね。トラブルや炎上があったときだけ見るという感じで、常に顧客のいいコメントも悪いコメントも見ているという方は少ないですね。

飯塚　**これは、やはり中長期での発展をどのくらい考えているかという話につながると思います。業績をつくろうとしたら必然的に会社の売上や営業利益を気にするように、中長期でビジネスや会社を発展させようと考えたら、「顧客の声を聞き続けること」は経営指標の１つととらえるようになるのではないでしょうか。逆に、そう思わない会社さんがどういう力学で動いていらっしゃるのかというのは、正直わからないなと思ってしまいますね。**

西口　お話をうかがって、経営の枠組み全体で「顧客起点」をとらえているのがシロクの強みだということがよくわかりました。

実際、担当者だけ頑張っていてもなかなか進まないというのが、現実問題としては非常に多いです。現場の担当者は顧客のほうを向いているのに、経営者が向こう側を向いてしまっているということもよくあります。

ただ難しいと思うのは、やはり中長期で考えたときに「顧客の声を聞き続けること」ができるかどうかで、創業時はそうした考えを持っていらっしゃった経営者でも、会社が成長していって、ある段階になると、その考えから離れてしまう方も多いんです。

対前年比20％クリアしなければとか、今月落とすわけにいかないから売上を積もうとか、トップが財務指標や結果指標を目標にしはじめると、会社全体が顧客から離れていって、ＨＯＷに入っていきます。

これまでたくさんの会社や経営者を見てきて、短期と中長期のバランスのとり方の難しさを感じていますが、飯塚さんはこの点についてどう思われますか？

飯塚 わかります。私も「中長期の発展」という言葉を社員に向けてよく使っていますが、今年とか今月というよりは、10年とか20年とか30年残るブランドにしたいとか、商品にしていきたいという話をよくしています。

「もっと、つくる。ずっと、のこる。」というのがわれわれシロクのビジョンであり、長く残るブランドやプロダクトをたくさん生み出せる会社を目指しているのです。

では、ずっと残るためにはどうしたらいいのかという話もよくしているのですが、必然的に数字というよりは、どうしたらお客様に愛され続けるのか、そして、まだ利用されていないお客様にどうしたら関心を持ってもらえるのかということを考えるようになります。

私も業績目標はつくりますけれども、それに強く左右されるようなマネジメントはしていないほうだと思います。社員にもビジョンは浸透していますので、たぶん「もっと、つくる。ずっと、のこる。」からは、それほどブレずにやれているのではないかと思っています。

いろいろ悩みながら、という感じではありますが、中長期の発展という前提はクリアできているのではないかと思いますね。

西口　ずっと残るために、顧客の継続性に軸を置かれているということですね。「ずっと、のこる。」というコピーも、いいですね。

飯塚　インターネットのサービスは、どうしてもすぐになくなってしまうことが多いですすよね。化粧品事業をはじめたのは、じつはそれが大きなストレスだったからです。

だからこそ、やはり本当にいいブランドや商品をつくって、それをずっと残していきたいし、自分たちが本当に好きで生み出したものをじっくり育てていきたいですね。これからも世の中に残るものをつくっていくという試みを続けていきたいと思っています。

「顧客起点」で社内がつながり、組織が変革する創業100年超の大企業におけるB to Bマーケティングとは

パナソニック コネクト株式会社

パナソニック コネクト株式会社は、B to Bソリューションの中核を担う事業会社としてサプライチェーン、公共サービス、生活インフラ、エンターテインメント分野など、お客様の多様な現場に寄り添い、課題解決に向けた新しいソリューションや高度に差別化されたハードウェアを提供しています。

同社を率いる樋口泰行CEOが就任以来、力を入れてこられたのが組織改革です。その樋口CEOにキャリアを見込まれ2017年に入社したCMO（最高マーケティング責任者）の山口有希子氏が中心となって、マーケティング機能の強化に取り組まれています。

大企業のB to Bマーケティングにおける課題とは何か。「N1分析」によって組織はどう変わっていったのか。

山口氏と、マーケティングの現場で指揮を執る関口昭如氏にお話をうかがいました。

インタビューイー／山口有希子（やまぐち・ゆきこ）氏

パナソニック コネクト株式会社 取締役 執行役員 シニア・ヴァイス・プレジデント CMO。シスコシステムズ、ヤフージャパンなど複数の企業にてマーケティング部門管理職に25年以上従事。日本アイ・ビー・エムにてブランド部長およびデジタルコンテンツマーケティング&サービス部長を経て、2017年より前身のパナソニック コネクティッドソリューションズに入社。国内外のマーケティング組織・機能を強化しつつ、企業トランスフォーメーションをドライブしている。日本アドバタイザーズ協会 デジタルメディア専門委員長 ad:tech tokyoアドバイザリーボード、「MASHING UP」アドバイザリーボード。

インタビューイー／関口昭如（せきぐち・あきゆき）氏

パナソニック コネクト株式会社 デザイン&マーケティング本部 デジタルカスタマーエクスペリエンス　エグゼクティブ（兼）統括部長（兼）モバイルソリューションズマーケティング部 シニアマネージャー（兼）IT・デジタル推進本部　CX総括。日立に入社後、ルネサスエレクトロニクスなどのB to B製造業において、デジタルを中心とした、グローバルマーケティング、デマンドジェネレーションを牽引。2018年よりパナソニック コネクトにて、デジタルマーケティング、カスタマーエクスペリエンス改革を断行中。また国立大学院等の教育機関にて教鞭も執る。博士。

危機感を持つ人たちがつながり、動かしていく

西口　パナソニック コネクトは２０２２年４月に新会社として設立されたわけですが、前身のパナソニック コネクティッドソリューションズ（パナソニックグループの社内カンパニー）の時代から、山口さんが先頭に立たれてマーケティング改革やカルチャー改革を進めてこられました。現場では、関口さんがＢ to Ｂマーケティングを統括されています。

じつは、私も２０２０年頃に１年ほど「Ｎ１分析」のお手伝いをさせていただいたのですが、あらためて御社でＢ to Ｂマーケティングの強化を進められた経緯から聞かせてください。

山口　私は今から約６年半前（２０１７年12月）にパナソニックに入社し、マーケティングの組織をつくって関口さんにもジョインしていただき、さまざまな変革を進めてきました。

当時の弊社は、いいものをつくり、そしてセールスが売り込めば売れるというプロダクトアウト的な発想が強く、マーケティングが重要視されていませんでした。まさに日本の伝統的な製造業という感じでした。

そもそも全社的にその考え方を変えていかなければいけないと感じていて、マーケティング業務

を担うマトリクス組織も、まだまだマーケティング機能が十分とは言えない状況で、そこも変えていく必要がありました。

ただ、やはり社内の人間だけで行うのは難しいと考え、あえて西口さんにお願いして一緒に「N1分析」を進めていったのですが、当時は本当に時間がかかりましたよね。

西口 当時は、私の印象でも山口さんがおっしゃるようにプロダクトアウトでしたし、組織ごとに情報共有が不十分という印象がありました。営業の方はそれぞれに一生懸命仕事をされていて、お客様の話を聞いていろいろな情報を持っているけれども、どんな情報を本社に戻したらいいのかわからないから話がそこで止まってしまい、結果的にはお客様の状況が社内で把握できていないと感じていました。

それでも、山口さんと関口さんがすごく力強く引っ張られていて、とくに関口さんが現場でガンガンやられていて、「おお、すごい」と思いながら、その後のパナソニック コネクトの大躍進を拝見していると、感動すら覚えるほどです。

関口 じつは当時、社内で「絶対にこのお客様は取れます」と言われていたお客様を失注してしまったこともありました。

製造業というのは、長く事業を回していると、ある程度のプロセスが出来上がります。日本の企業はオペレーションに優れているところがあって、プロセスができていると、その中で一生懸命がんばりますよね。だから、大崩れはしません。でも、そのプロセスを回すことだけに一生懸命になってしまうと、顧客のことを解像度高く見ることができなくなることもあるのです。

以前は「お客様が大事」とか「顧客ニーズをとらえる」などと言いながら、解像度が低くて表面的な話ばかり集めてしまったり、平均値や統計の中央値などで見てしまったり。弊社でも、当時はお客様の中にロイヤル顧客がどのくらいいるのか、新規顧客がどのくらいいるのかなどは把握できていない状況でした。

西口　これは非常に重要な話ですね。私もいろいろな会社をお手伝いさせていただいておりますが、確固たる経営基盤があり、強固なビジネスモデルができている企業、とくに売上と利益が多少ブレても潰れるようなことはまずないという企業ほど、N１から離れていくんですよね。そんなことを把握しなくても大丈夫だという気持ちがあるからでしょう。

常に切迫感や危機感を持っているスタートアップや中小企業とは違い、大企業の方には安心感があって切迫感がないから、売上が多少上がっていればいいと思いがちです。その売上はひょっとしたら新規顧客で積み上がっていて、ロイヤル顧客の大口クライアントが抜けているのかもしれないけれども、トータルで上がっていたらいいという感覚ではないかと感じています。

パーパスは「現場から 社会を動かし 未来へつなぐ」

パナソニック コネクトのWEBサイトより

山口 強い危機感を持っているマネジメント層も実際にはいたのですが、率直に言うと、人や組織によってグラデーションがありましたね。西口さんと進めたプロジェクトはとくにティピカルで、最初の半年間はほとんど動きがありませんでした。事業部のトップも営業のトップも巻き込んで話をしても、なかなか進まなかった。

でも最終的には、西口さんが今言われた危機感を持つ人たちがつながって、動かしていったと私は思っているんです。実際の現場は関口さんがぐわっと回してくれて、私は私で事業部だけで動かないところをバジェッティング（予算の管理や調整）したりしましたが、しだいに企画や営業の人たちも変わってきたんですね。

それは、現場で「N1」や「顧客起点」の話をしていくうちに「やっぱりそうだよね」と共感してくれる方々が出てきたということもあります。

また、潜在的な離反顧客の数などが見えるようになってきて、「このままではまずい」と危機意識を持つ方が出てきたこともあると思います。

関口　それにBtoBというのは、西口さんによる顧客分析の「9segs」の「積極・消極」で言うと消極度合いが高いです。スイッチングコストが高く頻繁には乗り換えられないので、こちらはロイヤル顧客だととらえていても、じつはそれほど便益を感じていらっしゃらないお客様もいます。あるいは便益を感じていても、こちらの想定していた便益とは違うことも多い。というより、Ｎ１インタビューで詳しく聞いてみると、意外なところに便益を感じてくださっているケースがほとんどです。

その意外な話を社内でシェアすると、「え、そんなことが使ってくださる理由だったの!?」と驚くことが多く、それでみんなの関心が高まっていったということもあると思いますね。

西口　その「意外な話」というのは、だいたいみなさん無視してしまいます。でも「Ｎ１分析」の本質というのは、基本的にこの意外な話、つまり「異常値」や「外れ値」に注目して、その背景にある本質や、チャンスやリスクをしっかり見極めることなんですよね。

御社でも最初は平均値や合計値を見ていた営業や企画の方たちも、徐々にＮ１分析で出てきた意外な話に関心を持つようになったと。そのあたりの認識が徐々に変わってきたということですか？

関口　だいぶ変わりましたね。商材にもよりますが、誰もがわかる便益というのは、だいたい競合もやっているんですよね。だから大規模な定量調査をやっても、「全部知っている話でした」で終わることも多くて。それよりも「N1分析」で出てきた意外な話から強みをつくったり、伝えたりするほうが合理的だということにみんなが気づくようになってきたというのは大きいです。

有線LANポートが「ダントツの強み」という意外性

西口　ちなみに、「N1分析」で出てきた意外な話にはどんなものがありました？

関口　法人向けのPC事業のマーケティングなどでも、話をうかがってみると意外なところに強みを感じてくださるお客様が多いですね。いろいろありますけれど、たとえばモバイルパソコンの「レッツノート」には有線LANポートが装備されていますが、これは今ではどちらかというとレガシー（時代遅れの古くさい）ポートと言われがちです。いつまで有線ポートが必要なのかと思う人もいますけれど、「いや、もうこれがダントツの強みでしょう」と言われるお客様もじつは多いんですね。LANに物理的に接続されているから使用環境の影響を受けにくく、通信速度も安定し、セキュリティの担保もしやすいと。

そして、そういう話を聞いたら、西口さんもやられていましたけれど、次の人にN1インタビューで聞いてみるのです。

次のお客様の反応には2つのパターンがあって、「そう、そうなんですよね」と言う方もいれば、「え、知らなかったです！」と驚く方もいます。中には「それ、もっと早く言ってくださいよ！」と言う方もいらっしゃって。

そうやって、次のお客様にN1インタビューをして聞いていきます。「こんな機能があって、こんなことができたら、もっとお役に立つことができませんか？」と聞いていくと、お客様から新しいアイデアが出てくることもよくあります。そうやって、どんどんアイデアが広がっていって確証につながっていくんですね。

西口　有線LANポートが強みというのは、たしかに少しびっくりですね。では「レッツノート」の有線LANポートはまだしばらく置いておくのですか？

関口　置いておきますよ、もちろん。だから僕が今「N1分析」でやっているのは、「このポート、どれからいらないですかね？」などと聞きながら、ある意味でお客様に壁打ちしているということです。なおかつ、そこで気をつけているのは、お客様が「お金を払ってでも欲しい」と思ってくださる便益を見つけなければならないということです。

「ナイス・トゥ・ハブ（あったらいい）」という話も混ざってしまうので、そこをしっかりと見極めるのが大事です。極端に言うと、「これで5000円値上がりしても、買う可能性ありますか？」ということも聞きますね。

西口 BtoBマーケティングでありがちなのが、営業の方などにヒアリングをすると、お客様からは何をして欲しいかが出てこないことも多く、直接聞くと「値段を安くしてください」という声が確実に出ます。後は、その場の思いつきで「こんな機能が欲しい」とか「そう言えば、社内でこんなことを言われていたから、こんなことができるようになって欲しい」などと言われる。ただ、それをまともに真に受けてつくってしまうと、全然売れなかったということも少なくありません。ときどきは当たりがあるのですが、その見極めは難しいですよね。

関口 そうですね。たとえばわかりやすい例を出すと、お客様から「パソコンのメモリを増やしてください」という話が出てきたときに、表面的な話で終わらせてしまうと、もし実装した際に、それほどニーズがなかったなどとなるリスクが高くなります。必ずそこから「N1分析」につなげて、なぜそれが必要なのかもきちんと聞いておくようにしています。

西口　相手から言われたことに対して「それはどうしてですか？　その目的って何ですか？」ということを掘り下げていって、思いつきではないものを確認する。結局、目的は何なのかという「目的ベース」で考えるということですね。

関口　そうです。それから、これも「Ｎ１分析」を実践する中で気づいたことでもあるのですが、ＢtoＢに特化した話で言えばステークホルダーが多いこと。ごくわかりやすく言うと、選定者とエンドユーザーが違うことがＢtoＢではほとんどです。
　ですから、そこの影響度合いを見極めることも重要です。
　選定者が「１００％、自分たちが選定します」というお客様から、「エンドユーザーの影響力が強いので、私たちではなくてエンドユーザーに選んでもらいます」というお客様まで、いろいろなパターンがあります。パターンによって訴求することはかなり違ってきますね。

西口　選定者とエンドユーザーが違うことに加えて、選定者の中にも2つありますよね。対面で窓口に立ってくれている人たちがその場合と、最終意思決定者が別にいるケースです。最終意思決定者は購入のトップだったり事業部のトップだったりしますが、その購入決定者とはまだ会っていませんということもありますよね。ですから、自社の営業窓口と、お客様の会社の窓口と、本当の意思決定者と、ユーザー。この間でけっこういろいろな矛盾が起こるという話も、お聞きした記憶があります。

関口 まさにです。たとえば、購入決定者が意外にエンドユーザーのことを知らないこともあったりします。そうした状況がお客様ごとにまったく違うのが実態です。BtoBにおける「N1分析」が奥深いのはそういうところですね。もちろん、パターン化はある程度はできると思いますが、最初からパターン化してしまうとバイアスがかかってしまうので、はじめはフラットな状態で聞きにいきます。

そうすると、「このお客様はこんなに外からの影響力があるんだ」といったことがわかってきます。西口さんもおっしゃっているように、それが1社見つかると、ほかにも必ず同じようなパターンの会社が見つかりますね。

西口 完全に帰納法ですね。1つの個別のパターンを見つけて攻略法を見つけたら、ほかにもあてはまるのではないかと考えてみる。1つのオプションとして持っておくわけですよね。それがどんどん増えていくと、カードが増えていくという感じですか?

関口 そうやってコミュニケーションのアイデアがどんどん増えていきますね。

西口　営業の人はお客様の会社の窓口と対応されていますが、その先に購入決定者や役員などの意思決定者がいて、さらにユーザーがいるという状態では、営業だけで攻めていくのは非常に大変ですよね。会社として、具体的にどうアプローチされているのでしょうか？「N1分析」でわかったことをベースに営業やマーケのやるべきことに落としたりするのですか？

関口　そこは今やっているチャレンジの1つです。社内には複数の事業部があり、「N1分析」も複数の事業部で行っているのですが、事業部によってアプローチが異なります。ある事業部などでは、営業とも連携しながら事業部長が自らお客様のところに行って、直接お客様と話してくるということもやっていますよ。

山口　やはり以前とはだいぶ変わりました。ですから、この事業部のケースをほかの事業部にも広げていきたいと思っていて、私もマネジメントサイドからいろいろ企んでいるところです。

西口　うわ、それはまたお話を聞きたいですね。今はたぶんまだ話せない状況なのでしょうけれど。

山口　実際、そういう感覚を持っているトップがいる事業部の業績は大幅に上がっています。ですから、こうしたケーススタディを横に広げていきたいのですが、率直に言うと、やはり各事業部で温度感の違いはありますね。同じようなアプローチをしたとしても、リーダーが本当に「N1分析」をドライブしようと考えているかどうかによって違ってきます。本当にリーダーしだいですが、そうした体制を支えるのが私の次なる役目だと思っています。

インタビュー時間の5倍、レビューにかける理由

西口　御社ほど大きな規模の企業でよくここまで変えられたと驚きますが、具体的にはどのように変革していかれたのでしょうか？

関口　弊社の「N1分析」は、社内で危機意識を持っている人たちが集まってスターターモーターを回していたものの、さきほどの話のように、なかなかエンジンがかからない状態が1年ほど続いていました。

そのような中、途中から「レビュー会」の重要性に気づいたのです。

レビュー会では、営業や企画だけでなく、SEやCSまであらゆる職能の人を集め、インタビューの録画データなどを振り返りながら、現場一体で「なぜ、このお客様はこんなことを言われるんだろう?」ということを詰めていったんですね。

すると驚くことに、お客様のことを一番わかっているのはSEの人たちだったのです。

SEというのは、トラブルがあるときにお客様のところに行きますよね。一番ネガティブな状態のときに行って、それをポジティブにして帰ってくるわけです。すると、お客様にとって一番信用できる人になる。ですから、お客様はSEにいろいろなことを話してくださるのですね。

そのため、レビュー会でほかの人が報告しているのを聞いていたSEの人たちが、「申し訳ありません。この話、自分は知っていました」と発言することが非常に多いのです。「伝えていなくてごめんなさい。自分はお客様から聞いていたんですけど、トラブルの対応で一生懸命でみなさんに伝えていなかったです」と。

それはそれとして、同じお客様のことをみんなであらゆる角度から見て検討するという作業をしていったら、自分たちがこれまで見ていた解像度が低かったということがわかってきました。

それを1例、2例と広げていくうちに、事業部長や経営層も「N1分析」の重要性を理解してくれるようになっていき、その結果として事業部長自らのN1インタビューにつながっていったのです。

西口　そう言えば、関口さんは以前、レビュー会には実際にインタビューする時間の5倍、必要だとおっしゃっていましたね。

私も実際その通りだと思います。ただ、B to Bマーケティングにもいろいろ携わってきて思うのは、レビュー会に対して興味を失ってしまう人も多いことです。とくに「N1分析」をはじめたばかりの頃はいぶかしげな人も多く、なかなかやる気が上がらないことや、通り一遍に報告を聞いて「ふんふん、そうですか」で終わってしまうこともあります。そこからお客様を本当に理解して、新しい機会やアイデアを見つける、もしくはリスクを読み取るということにつなげるために、御社ではどうされていますか？

関口　おっしゃるように、人によって温度感はまったく違います。ですから、マーケティング部門がほかの職能の人に「面白い」と思わせることも非常に重要です。レビュー会も、マーケティング部門がある程度コーディネーションしなければいけないと考えて、そこはけっこう心がけていました。

それからさきほども言いましたが、SEがお客様からよくお話を聞いていたので、話を盛り上げることにも注力しました。「どうしてそれを知っているんですか？（すごいですね）」と突っ込んで質問したり、「とても重要なことなので、もっといろいろ言ってもいいんじゃないですか」と声をかけたりして。

SEもそれまではトラブルの対応がメインで、どちらかというと自分たちは裏方の仕事だと思っていたようですが、「自分たちはこんなにお客様のことを知っている」ということを自覚して覚醒していったような経緯があります。

CS（カスタマーサクセス）の人たちもある意味で同じで、じつはお客様のことをよく知っているんですよ。でも、日頃はトラブルの対応に追われて、それをアイデアに結び付けるということは自分たちのミッションではないという感覚を持っていたのですね。自分たちがそれほど貴重なことを知っているとは思いもしなかったということもあります。

西口　「重要な情報だと思っていなかったので、伝えていませんでした」というのは、本当によく直面しますね。「それ、言っておいたほうが良かったですか？」みたいな話は、営業サイドでもありますね。

関口　とくに直販でお客様としょっちゅうお会いしている営業はじつは知っていることも多いのですが、最初は表面的な話や数字的な話から報告しなければいけないということもありますし、個別の話を報告する機会もなかったのかもしれません。

西口　周りが質問しないから、ということもありますよね。そのために、そういうことが重要だという価値観も共有されていない。売上が悪かったら黙っておくしかないし、売上が良かったで、「なぜそうなったか」ということは誰にも聞かれないから、重要視されていないこととして扱われてしまうパターンですね。

それから、カスタマーサクセスやSEなどの後工程、購入後にお客様と接している部門の人たちはかなり情報を持っているのに、この情報がファネルの手前の営業やリード獲得をしているマーケティングには共有されていないというのも、よくあるパターンです。

そもそも買ったお客様がこうなって、こんなことになるというのを知っていたら、営業のトークも変わっていたのに、という話なのですが。

とくに最近の大企業では、ファネル構造で組織がきっちり分断されているところが多いですよね。マーケティングのリード獲得があって、インサイドセールスがあって、営業がいて、カスタマーサクセスがあってというように。それぞれが機能的に働いていますが、横と横の連携はほぼありません。一番情報が集まっているのは、お客様の購入後に問題を認識して対応したり、苦情に対応したりするカスタマーサクセスですが、その情報が社内で共有されていないので、マーケティングのリード獲得も明後日の方向へ行ってしまうことも多いです。

関口　おっしゃる通りです。それに、人間というのはレポーティングツールにはちょっと格好のいいことを書きがちですよね。だから、報告が表面的になったり、体裁のいい話が多くなったりしてしまう。思いつきで「メモリを増やしたい」と言ったお客様の話なども、「なぜ、それを必要とされているのか」という本質的な話まではなかなか書かれません。そこをしっかり聞き出して、社内で共有しなければいけない。単にレポーティングさせるだけでは難しいと思っています。

西口　たとえば、さきほどの「有線ＬＡＮポート」の話も、レポートだけならたぶん書きませんよね。営業資料にもそもそも書いていないような、特殊な変な話だから、報告するまでもないな、と現場で判断してしまいますね。こんなこと報告したら、本社から怒られるんじゃないかと。

プロダクトの「具体的な使用場面と目的」を聞く

関口　ＢtoＢでありがちなのが、不幸にしてお客様に製品やサービスを採用いただけなかったときに、お客様の側が気をつかって弊社の営業担当に不採用の理由を話してくださることです。実際はまったく違う理由なのに、「いやぁ、価格でどうしても負けちゃったんですよ」などと、営業担当を傷つけないように言ってくださるんです。

それがそのままＳＦＡ（営業支援ツール）に載ると、「価格が高かった。以上」という話で終わってしまこともあります。

ですから、やはり失注顧客に対しても詳細にN1インタビューをしなければいけないと思っています。難しいことですが。

西口 難しいですよね。以前、御社で失注分析をされていましたが、たしかにそのときに出てくる話は「価格が高い」ばかりでした。実際には、価格以外の理由にどういうものがあったのですか?

関口 ひと言で言うと、西口さんがよく言われるように、きちんとお客様に便益が伝わっていなかったということです。価格に見合う便益がつくられていない、あるいは相手に伝わっていないということ。

西口 当時の話で覚えているのは、御社の製品の「レッツノート」も「タフブック」が非常に堅牢性《けんろうせい》が高くて壊れにくく、どんな状況でも使いやすいという便益があって、たとえばハードな状況で慌ただしく記事を書くような新聞記者にも愛用されていると。ただ、その堅牢性がどの程度お客様に訴求できているのかという話がありましたね。実際のところ、堅牢性をあまり訴求しきれていなかったということですか?

関口　じつは「堅牢性」とひと口に言っても、いろいろな意味があります。

海外の事例ですが、弊社のモバイルPCは、米・警察でも使われています。それは、頑丈で壊れにくいとか、車中で食事をする際やコーヒーを置く際に安定していて便利だとか、さまざまな評価の理由をいただいているのですが、最も大きな評価の理由の1つは「熱に強い」ということでした。

捜査官は車の中にPCを置きっ放しにしておくことが多く、夏は車内の室温はとんでもないことになります。捜査官が車に戻ってきたらすぐに使えなくてはいけませんから、その場合の「堅牢性」というのは耐熱を意味していたりするわけです。

そうかと思えば、置いておいたPCを今度はクーラーがギンギンに効いているガソリンスタンドに持ち込んで送受信などをしなければいけない。そんな両極端な状態で、問題なく動くPCはほかにはないと言ってくださるんですね。

ですから、「堅牢性」というひと言で片づけず、製品がどういう状態で使われて、どういう便益を感じてくださっているかを聞かないといけないわけです。

西口　非常にリアルで興味深い話です。たしかに、具体的な使用場面と目的を聞かなければ、どういう問題がそこで解決されているかということはわかりませんね。
でも、パナソニックのPCはもともとしっかり品質試験や過酷試験をされて、ある程度の熱に対する堅牢性を確保されていますよね。

関口　**もちろんです。**

西口　ただプロダクトそのものの品質がいくら良くても、それが実際にどう役に立つかというところまで落とし込み切れていなければ、お客様に対する訴求の手前で止まってしまうということですか？

関口　**そうです。そういう話が1人のN1インタビューだけでも見つかるわけですよね。**

西口　今のストーリーだけでも非常に面白いですね。

ところで、顧客の解像度を高めるために、営業のみなさんがお客様からヒアリングする内容や商談時に聞く内容は変わってきていますか？

なぜこれをお聞きするのかというと、お客様と最も頻度高く接している営業やカスタマーサクセスの人たちに、どういうことを知れば次につながる可能性があるかを知ってもらうのが一番いいのではないかと思っているからです。B to Bであれ、B to Cであれ、マーケティング主導でやっていくためにはそこからスタートしないと回りませんし、とくに営業の人にいかに浸透させるかが、永続的に「N1分析」を続けられるかどうかの差異につながるのではないかと。

関口　そこはまだチャレンジしているところです。ただ、端的に言うと、さきほどのように「Ｎ１分析」で見つけてきた特殊な便益は、営業も把握していないことが多いです。製品カタログに載っている情報や多くの人が知っている話はよく把握していますが。

そこで、営業の人にそういう話を伝えると、「それ、なんで言ってくれなかったんですか」となりますし、最近では「自分たちもその便益をお客様に伝えますから」と言ってくれる営業も徐々に増えてきています。

また最初の頃は、お客様のＮ１インタビューの際には営業担当にはあえて席を外してもらっていました。お客様も普段接している営業担当の前では言いたいことも言えないでしょうし、その代わり、後で全部報告しますからという話を事前にして。

それが、最近では営業にもＮ１インタビューに同席してもらうことが増えてきています。そうすると、さきほどのように「じつはこの話、前にお客様から聞いていたけれど、そんなに深い話だったのか」と驚く営業パーソンも増えてきています。

ですから、今は営業の中でボトムアップ的に「Ｎ１分析」の理解が広がっているという感じです。さらに、これは今後のアイデアになりますが、仮説検証のプロセスをつくろうと考えています。「Ｎ１分析」で見つけたアイデアを営業に全部流すので、それがあなたのお客様に響くかどうか聞いてきてくださいという仮説検証です。うまくいくかどうかはわかりませんが。

西口　デジタルマーケティングで言うＡＢテストをリアルでやるという感じですか？

関口　おっしゃる通り、やや量的な検証のようなものをしようと考えています。すでに弊社で進めているＣＲＭ（Customer Relationship Management／顧客関係管理）プロジェクトの一環です。

西口　非常にいいと思いますね。
ここまで御社の試みをうかがってきましたけれど、いや、すごいです。ＢtoＢのマーケティングでここまで「Ｎ１分析」を取り入れて、しかもテストまで視野に入れてやられているケースは、私の知る限り、パナソニック コネクトがはじめてです。

事業方針や取締役会でも「Ｎ１分析」が浸透

西口　ところで、パナソニック コネクトの樋口泰行ＣＥＯは「Ｎ１分析」に関してはどう考えていらっしゃるのですか？

山口　CEOの樋口も「顧客視点」が非常に重要だと話しています。弊社はコングロマリットであり、事業部それぞれが独立してオペレーションに関わっています。CEOがそれぞれに深くドライブして「N1分析」を実施するよう指示しているわけではありませんが、弊社の経営会議や取締役会では「N1分析」を行っている事業部が「N1インタビュー」といった言葉を出して報告していますね。

関口　事業方針にも「N1からスタート」ということが書いてありますし、方針説明でも「N1」という言葉が出てきますよ。実際、「N1分析」によって利益が大きく変わってきていますからね。事業部が売上主体から利益主体に変わったことも影響していますが、やはりお客様にとっての価値がなければ利益は生まれませんから。

山口　取締役会の資料にも「N1」という言葉が出てきます。

西口　メディアで見る限りどんどん変わってきていてすごいなと感じていましたが、実際にはこれほどまでに進んでいらっしゃったのですね。

ところで、取締役会で「N1」という言葉が出たときに、それを否定したり疑問を呈したりする方はいらっしゃらなかったんですか？

山口　いませんでした。やはりさきほども言いましたが、事業がV字回復していますから。それで結果が出ているからこそ支持も得ているのだと思います。

V字回復している理由には、複数の要因があります。サプライチェーンのマネジメントの変革を大幅に進めたことなど、いくつかの要因がそろったうえでのトランスフォーメーションなのですが、やはり「N1分析」の推進によって、製品・サービスのバリューをどう見ていくかという理解が社内で進んだことは大きいですね。ですから、全社的に非常に重要なものとして認識されています。

西口　それは非常に重要ですね。いろいろな企業を見てきて思うのですが、マネジメントチームや経営層が「でも、それって特殊な話でしょ」という扱いをするケースも少なくありません。そうすると、会社全体が平均値や合計値などのマスの考え方に戻ってしまうんですよね。そして営業も、ますます個別の話を上げなくなるという負のスパイラルができてしまいます。

お話をうかがっていると、取締役会で「N1」の話が出てきても、みなさんがそれにきちんと耳を傾けるような価値観がしっかり共有されています。個別の話を特殊なケースとして扱わないというのは、じつはものすごく大きな分かれ道だと思います。当然、山口さんも取締役会にいらっしゃるから否定しにくいということもあるのでしょうけれど。

マーケティング組織づくりの変遷

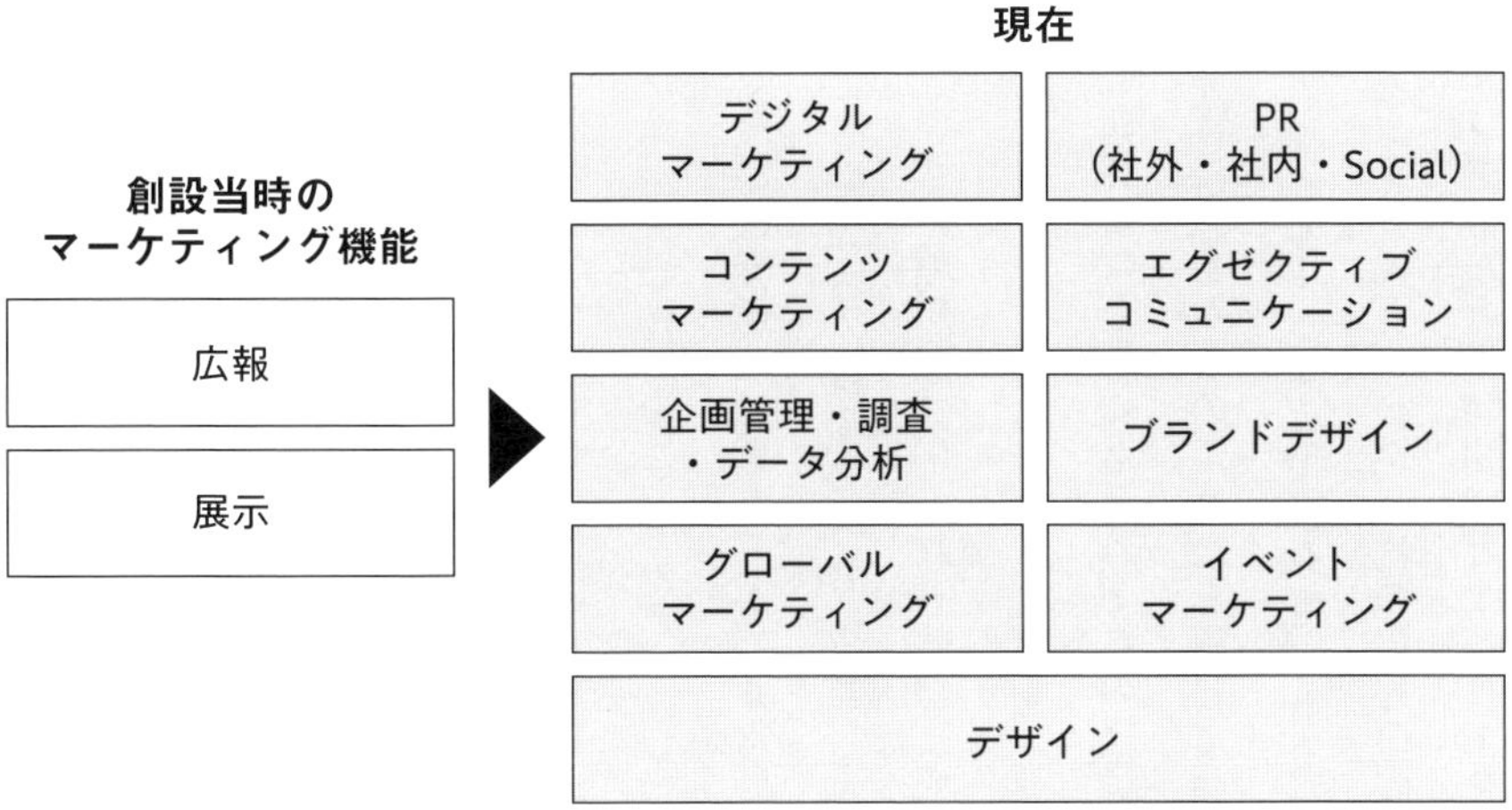

山口氏が入社後に行ったマーケティング組織づくりの変遷（出所／パナソニック コネクト）

山口　取締役会には私もいますが、V字回復している事業部の事業部長が報告してくれています。その人が「マーケティングと連携してやっています。マーケットイン型の活動に事業を変えたことが重要でした」と言ってくれているのが大きいですね。

西口　いいですね。マーケティングがこんなにBtoBで力を持っているケースは見たことがありません。マーケティングはだいたい販売促進のような扱いを受けるのが一般的ですよ。

関口　そうですよね。弊社でも以前は「マーケティング＝販売促進」と思われてしまうことが多かったのですが、さきほどお話しした法人向けのＰＣ事業などでは、とくにマーケティングの扱いがガラッと変わりました。今では企画から顧客理解が入っているという感じです。

山口　それでも、まだまだチャレンジの状態です。

西口　日本のB to Bマーケティングというのは、B to C以上に伸びしろが大きいと思っているのですが、御社の場合はすでに最終的なビジョンに近いかたちが出来上がりつつあり、他社と比べてもこのレベルまでB to Bマーケティングが到達されているところはないという認識を持っています。なぜそこまで達成できたのか、非常に興味があります。

山口さんと関口さんはずっとB to Bマーケティングに関わっていらっしゃいますが、B to Bマーケティングの理想像は、それぞれどこで設定されたのでしょうか？

山口　関口さんにも私にもそれぞれの経験値がありますが、私の場合はアイ・ビー・エムで学んだ経験が非常に大きなものだったと感じています。

先日、アイ・ビー・エムで20年間、サミュエル・パルミサーノ氏やルイス・ガースナー氏、ジニー・ロメッティ氏といった3代のＣＥＯのもとでＣＭＯ（最高マーケティング責任者）を務めたジョン・イワタさんと1時間ほど１ｏｎ１をしたんですね。私はイワタさんをとても尊敬しているのですが、そのときに彼が話していたのが、ＣＭＯの本当の役割についてでした。

彼は、ＣＭＯには３つあると思っていると。

１つ目は、セールスリードやセールスサポートをするＣＭＯです。

２つ目は、一般消費財などでよくありますが、Ｒ＆Ｄで生み出した製品を市場に入れてコンシューマーからエンゲージメントを取って売るＣＭＯ。

でも、イワタさんが目指したＣＭＯは、企業をより良くするＣＭＯだと。具体的にはカスタマーエクスペリエンス（顧客体験価値）とエンプロイーエクスペリエンス（従業員体験価値）の両方を向上させるＣＭＯということです。

カスタマーエクスペリエンスをつくるためには、やはり設計や製造、プロモーション、営業などの機能をすべてつなぐことが重要になります。そのためにＮ１インタビューを実施しているわけですね。

また、それとは別に、今は企業内でマネジャーになりたくない人が増えているといった問題があります。こうした人事の問題もＣＭＯの役割ととらえ、組織間で横連携しながら問題解決に取り組んでいます。

結局、社内をつないで、全体を上げて、会社自体がより良くなっていくための取り組みをするのがＣＭＯの役割だと私も信じているんですね。

「カスタマーエクスペリエンスを生み出す」という意味では、ＣＭＯが「顧客起点」の考え方を組織全体に広めるためのハブにならなければいけません。まだまだ能力不足のところもありますが、そうした意識は常に強く持っています。

西口　関口さんはいかがですか？

関口　僕は複数の企業でいわゆるデマンドジェネレーション（需要や見込み案件の創出）やBtoBのセールスマーケティングなどをずっとやってきて、じつは僕にとって影響力が一番大きかったのは西口さんなんです。

マーケティングというのは、プロセスをつくってそれを回していると、なんとなくやった感覚になるところがありますよね。以前の僕にもそういう面があったのですが、西口さんが「お客様が感じる価値というのは、価格に見合う便益と独自性であり、マーケティングというのは、それをつくるか伝えるかのどちらかでしかない」という非常にシンプルなお話をされていて。

そのシンプルなことを自分はできていないと、頭をトンカチで叩かれたような衝撃があったんです。

それまでは、プロダクトがあって「これをどうやって売るか」という思考しかなかったのですが、お客様が望んでいる価格に見合う便益、さらに独自性がないと、たぶん何をしても価格競争に巻き込まれてしまう。だから、その価値を見つけてつくる、というところから考えないといけません。

もちろん、できたプロダクトをどう売るかも重要ですが、価値をどうつくるかも重要です。この両方を見なければいけないというのをあらためて認識して、僕自身、大幅にバージョンアップしたと感じています。

西口　そう言っていただけるのは非常にうれしいのですが、関口さんが今おっしゃったことを社内で徹底して進めたいと考えても、なかなか進まない組織が多いのが実情です。推進されている方々が、孤軍奮闘になってしまうことも多くて。

組織って、変化を嫌うんですよね。まずオープンカルチャーでなければ難しいし、お客様をしっかり見ましょうという意識が社内に浸透していないとうまくいきません。結局、これまでのやり方を続けるという風潮が強くなってしまう会社も多いです。

御社では、やはり山口さんと関口さんという奇跡的な組み合わせがあってこそ成果が出たのでしょうね。

さきほど山口さんがおっしゃられた「エンプロイーエクスペリエンス」と「カスタマーエクスペリエンス」も、言葉としてはなんとなく概念的な感じになりますが、実際に顧客ベースで価値をつくるということと組み合わさっているから、ここまでマーケティング改革が進んだのだなと、今、非常に納得しています。

山口　私も、CMOとしてフォーカスしているのは会社のカルチャー改革です。

それこそ会社の新設当初は、隣の事業部が何をしているかにも関心がないという感じで、事業部同士のつながりやコミュニケーションも希薄でした。でも最近では、パナソニック コネクトとして一緒に頑張っていこう、いい会社にしていこうという雰囲気が醸成されてきています。

それは、CEOの樋口が7年ほどかけて社内にそうした雰囲気をつくってきた、企業カルチャーを変革してきたことが大きいです。そして、社内に「N1分析」が浸透してきたように、部門間で連携してお客様に向き合うというプロジェクトが増えたことが大きく影響していると思っています。

関口　僕もそう思いますね。弊社はちょっとやり過ぎじゃないかと思うほどカルチャーを変革しようとしてきた会社です。カルチャー改革がなければ、「N1分析」もここまで進まなかったです。

カルチャー改革とマーケティング改革の軸は「お客様」

西口　私の勝手な印象ですが、御社の発信を外から見ていて、「カルチャー」といったときの起点が「個人の幸福」というところにあるのではないかと感じています。

カスタマーエクスペリエンスに注力する

本社の浜離宮ビルに設置された「カスタマーエクスペリエンスセンター」

だから、まず従業員を大切にして従業員の幸せを軸に置きましょうと。当然、従業員には働くお母さんもいるし、それぞれの家庭の事情によって働くスタイルも違いますから、従業員が誰であっても、より働きやすく活躍しやすい取り組みをされています。

なおかつ、お客様のほうもしっかり見て重要視されています。結局、「個人の幸せ」ということを起点に「カスタマーエクスペリエンス」や「エンプロイーエクスペリエンス」もつくられているのではないかと思います。

山口　もともと弊社のカルチャー改革の目的は「お客様に近づく」という意識をつくるためでした。お客様に近づくということは、社内に向いている視野を変えるということ。まさに大企業病から脱却するということですね。

それを変えるためには、個人個人が自立しなければいけません。そして改革には「ダイバーシティ、エクイティ&インクルージョン（DEI／多様性・公平性・包括性）」といったウェルビーイングも含まれます。

やはり自分が尊重され幸せでないと、お客様のことも尊重できませんから。そこも含めてすべてつながっているのです。


西口 なるほど。これまで、「カルチャーを変える」と言ってカルチャーだけにフォーカスして、まったく結果を出してない会社もたくさん見てきました。一方、マーケティングだけを理想的にやろうとして途中でマーケティングの責任者がいなくなってしまう会社もあります。孤軍奮闘したけれど、「もうこの会社は変わりません」と言って辞めていくケースもあります。

御社の場合はカルチャーとマーケティングの両極からバシッとつながっていますが、もともと「お客様」という軸が真ん中にあったということですね。

そのために従業員の幸せも考えているし、カルチャーも紐付いていると。こんなふうにうまくかみ合っているケースって珍しいですよ。

山口 まだまだチャレンジの最中ですが、たしかに今はマーケティングと各事業部がしっかりつながってきているという実感はありますね。

やはり、CEO自身がマーケティングの重要性を認識しているということも大きいですし、ボードメンバーと協力し合って連携しているという感覚があります。それは単なるセールスリードのマーケティングではなくて、カルチャー改革も含めた変革を一緒にやっているからですね。

西口　本書のケーススタディで紹介したほかの企業もそうですし、私もこれまでいろいろな企業を見てきて思うのは、「N1分析」を成功させるためには、組織としてカルチャーが変わらないと難しい部分があるということです。

山口　本当にカルチャーが変わらないと難しいですね。そしてカルチャー改革ほど難しいものはありません。いや、実際すごく大変ですよ。

西口　関口さんと山口さんの組み合わせが成立しているから回っているのかもしれませんね。1人で両方は絶対できませんね。

山口　難しいですね。関口さんが現場でぐりぐり回してくださって、すごく助かっています。

西口　最後に、とくにBtoB分野において「N1分析」「顧客理解」ということをまだ取り入れられていない、あるいはこれからやろうという企業や組織に対して、何かアドバイスはありますか？

山口　やはり「諦めない」ことですね。ハードルがあるのは当たり前です。いろいろな方々や組織を巻き込みながらやらなければ「N1分析」はできませんから。でも、これをやれば、絶対に会社のためになります。

とくにBtoBの場合、マーケティングのレベルを上げるだけで、日本はだいぶ変わると私は思っているんです。なぜなら、ほとんどの企業がBtoBですよね。

西口　日本のGDPのほとんどはBtoBですね。

山口　BtoBは、マーケティングによってレベルが一気に変わります。でも、それに気づいてない方々がまだまだいるということを考えると、本当に「Room to Improve（より良くなるための改善の余地）」が大きいと思いますね。

西口　ここまでこられたのは、やはり諦めなかったから。理論的なこともちろん欠かせないですが、それはすごく大事ですね。関口さんはいかがですか？

関口　まずお客様と会うことと、そのお客様への価値を提案するために想像力を発揮することからはじめるということですね。

ＢtoＢのマーケティングをしていると、お客様から遠くなりがちです。ＢtoＣのように、どこかに行けば使っている人に会える、自分でも使ってみるということができない商材も多いと思います。ＢtoＢはもともとエンドユーザーから遠い場合も多く、お客様に会うことを諦めてしまうマーケターも多いような気がします。

実際、お客様に会ってお話をうかがうとか、実際に使っているところを見せてもらうというのは難しい面もあるのですが、それでもやはり、まずお客様と会うことからスタートするべきです。とくに事業責任者やトップは絶対にやったほうがいいと思っています。僕もそれをやって、本当に変わりましたから。

第3章

実践 N1分析

ケーススタディから抽出するN1分析のポイント

Practice: N1 Analysis

「顧客起点」と「帰納的発想」

「具体的に実在する1人」がすべての起点になる

第2章のケーススタディで紹介した4社のマーケティングは、すべて「具体的に実在する1人」を起点にしています。実際に顔の見える実在する誰か（N1）が欲しいというものに注目し、アイデアの出発点にしています。

たとえば、シロクの「N organic」の起点は、ブランドマネジャーの女性の「オーガニックコスメのブランドをつくりたい」という強い意欲でした。また、産休明けに職場復帰した女性メンバーの「スキンケアの時間くらいは癒やされたい」という声がインサイトの発見につながっています。

アサヒビールの低アルコールビール「アサヒスーパードライ クリスタル」は、社長ご自身のお父様やご自身を「N1」としていました。

アックスヤマザキのミシンも、周囲の人々や体験会で実際に会った親子、またお客様の強い反応が商品開発の起点になっています。

ＢtoＢ企業のパナソニック コネクトでも顧客のニーズや期待を製品の改善に活かし、一般的にはレガシーポートと言われがちな有線ＬＡＮポートを残して便益と独自性を強めています。

具体的に実在する1人の声を活かせるのは商品開発時だけではありません。既存顧客の声をコミュニケーションアイデア（訴求のアイデア）に活かすことも可能です。

たとえばシロクでは、「アプリケーターを目の周りに押しあててマッサージしながら美容液を塗る」というロイヤル顧客の話を広告に活用したところ、大きな効果が上がりました。

「実際にいる誰か1人が、絶対に欲しいと思うもの」からＷＨＯとＷＨＡＴの組み合わせを見つけ、それを訴求するために効果的なＨＯＷを打ち出す。そして、顧客の数を段階的に増やしていく。これが「Ｎ1分析」によるマーケティングの基本的な考え方です。

あくまでも実在する人たちからサンプルを集め、そこからアイデアを導き出すという帰納的なアプローチをとります。

その対極にあるのが、すでに存在している市場における演繹的な「マス競争モデル」です。

市場全体をマクロ的にとらえ、目標を設定し、顧客や競合の分析を実施し、セグメントに分類して、自社が何を強みとするかを選択し、既存のマーケティング手法や競争手法を活用してシェアを拡大する方法です。

たとえば、「売上100億円」や「シェア2倍」などの目標を立てたら、現在とのギャップを埋めるために、どの顧客層を獲得し、どの競合から顧客を奪い、そのためにどのような強みのあるプロダクトを開発すべきか、何を訴求すべきかを、3C分析やPEST分析、SWOT分析など、主にマクロな環境分析を使って策定します。

その実行にあたっては、一般的に「戦略」と言われるSTPの設定や、「戦術」と呼ばれる実行プランのMM（マーケティングミックス）で最も有名な4Pの設計をして進めていきます。

＊3C分析／Customer（顧客）・Company（自社）・Competitor（競合他社）の分析

＊PEST分析／外部環境（マクロ環境）を分析するフレームワーク

＊SWOT分析／強み、弱み、機会、脅威を特定するフレームワーク

＊STP／セグメンテーション、ターゲティング、ポジショニング

＊MM（マーケティングミックス）／設定したSTPの具体的な実行プランや施策

＊4P／MM（マーケティングミックス）の一種で、Product（製品）・Price（価格）・Place（流通）・Promotion（販売促進）

これまでは多くの企業がマーケティングでこうした演繹的なアプローチを採用してきましたが、その起点はすでに存在する大きなマーケットをどのように分類し、どこにターゲットを絞るかということにあります。年齢層、メディア、居住地、メッセージで分類するなど、分類方法は多岐にわたりますが、これらはすべて既存の手法であり、競合も同様の方法をとることができます。

そのため、どうやっても既存の枠組み、過去の常識の延長線上からは抜け出せません。

実際の顧客データや市場調査に基づいて顧客の典型的なプロフィールを作成する「ペルソナ」の手法が用いられることもありますが、これも既存の市場の既存の顧客を平均値としてとらえてしまいかねません。

たとえば、飲食店で30～40代の女性に向けたハンバーガーのメニューを開発するとします。定量調査の結果などから「都市部で働く35歳の女性」というペルソナを仮定しても、結局は「平均的な好み」を狙う発想になりがちです。

アサヒビールの松山社長もおっしゃっていたように、「Ｎ３００」などのヒアリング調査から想定したペルソナには体温も感じられず、提案の精度も粗くなります。

最初から「Ｎ３００」を満足させるために、それぞれまったく違う個性やニーズや心理状態を持っている人々をひとくくりにして平均値をとろうとすると、どの飲食店にもありそうな平均的な商品になる可能性があるのです。

しかし、実在する誰か1人に対しての提案であれば、精度は高くなります。「月に何回くらいハンバーガーを食べますか?」「どんな日に食べたいと思いますか?」「アレルギーはありますか?」「どのくらいの辛さが好みですか?」「チキンとビーフのどちらが好きですか?」など多方面からの質問を通して、この「N1」が絶対に欲しいと思う提案を見つけ出すことが可能です。

それは、ハンバーガーではなく、ささみたっぷりのサラダかもしれないし、脂質が低く栄養価の高いプロテインバーかもしれません。「ハンバーガーのメニューを考える」という出発点が、そもそも演繹であり、既存の市場、過去の延長線上になっているのです。ハンバーガーから会話をはじめたとしても、洞察すべきは「その人が絶対に食べたいと思うものは何か?」なのです。

そして、その「N1」と同じように「それを食べてみたい」と思う人はどんな人かを考察し、その同様なニーズがありそうな人たちにリーチする訴求内容や方法はどのようなものかを検討し、実行することで、帰納的に顧客数を増やしていくことができるのです。

マーケットが縮小する時代の勝ち筋は「帰納的発想」

自分で事業を立ち上げたり、スタートアップを創業したりする際、多くの場合は個別のケースからスタートします。

たとえば将来的に1兆円企業を目指すとしても、最初は1人のお客様からはじまります。世界中で1億人の顧客獲得を目指すときも最初の顧客は1人です。

事業責任者は、この最初のお客様のことを忘れません。すぐに売上が上がったケースでも、なかなか売れなかったケースでも、最初の1人は記憶に残っています。そして、たいていは最初の10人、100人の顧客の顔や特徴を覚えているものです。

それらの顧客が商品を購入する理由はそれぞれに違います。とはいえ、顧客が100人いたら100通りの購入理由があるわけではなく、複数のパターンで価値を感じてくれています。

そしてBtoBでもBtoCでも、顧客1人ひとりの顔が見え、その人たちがなぜ商品を購入してくださったのかを考えている時期は、帰納的なアプローチをとっています。

「先日、購入されたお客様はこういう理由で買ってくださった。ほかにも同じようなお客様がいるかもしれないから、その可能性を追求してみよう」

あるいは、それとは別の理由で購入した顧客がいたら、その便益や独自性をほかの顧客に伝えてみる。こうした積み上げによってWHOとWHATの組み合わせも増えていき、顧客の数も10人から100人、100人から1000人へと増えていきます。

こうした段階になると経営者1人では対応できなくなり、営業部員やマーケティング担当者、開発担当者など関わる人数や部署が増えていきますが、このあたりから演繹的な仕事が増えていきます。

第1章でも触れましたが、経営者や事業責任者が売上や利益、顧客数の増減などの財務指標や結果指標にばかり注目するようになり、顧客と向き合わなくなると、会社全体も顧客のニーズに目を向けなくなります。

顧客はどんな人か、その顧客がどんな価値を求めるかより、どのタイミングでどの販売促進策を実施したら売上が向上したかなど、成功した施策のみを拡大していく傾向が全社的に強まっていくのです。

昭和のようにマーケットが拡大している時代であれば、このような演繹的アプローチでも問題ありません。母数が大きく、なおかつ拡大し続けている時期は、独自の便益がなくても大規模な投資を行い、大規模な認知度と販売ルートを獲得することで売上も伸びていきます。拡大する市場でのマス競争によってビジネスが拡大します。

ところがマーケットが伸びなくなる、もしくは縮んでいく状況になると、独自の便益がないままマス競争を続けているプロダクトは必ず価格競争に巻き込まれ、コモディティ化します。便益、独自性を見つけるために有益なのは、帰納的なアプローチによるマーケティングです。ですから、マーケットが縮小している現代の勝ち筋は帰納法にあると言えます。

ただし、第1章でも述べたように、演繹的発想と帰納的発想はどちらが優れているという話ではなく、両方のアプローチを理解し、両方を使い分けることが重要です。

たとえば、組織として行動する際や、投資家や経営陣に納得してもらう際には、演繹的な説明が必要になります。帰納的な「N1分析」による提案だけでは突飛に思われて組織を動かすのは難しいため、市場全体で見たときにその「Ｎ１」がどのようなポテンシャルを持ち、新しいセグメントを形成する可能性があるかを演繹的に説明できるようにするのです。

マーケットの規模を計算するときにも、演繹的なアプローチを用います。

アサヒビールが「アサヒスーパードライ ドライクリスタル」を開発する際には、これまでのようにビールを飲めなくなった人たちに注目して商品企画が進められましたが、王道から外れた低アルコールビールの開発に反対する社内に対しては「世界的なトレンド」や「環境の変化」などのマクロな視点を取り入れて説得したという話があり、まさに帰納的発想と演繹的発想の両方を使い分けていると言えます。

要は、どんな仕事をするうえでも演繹的発想と帰納的発想を身につけておいたほうがいいけれども、演繹的発想のみでは便益と独自性の両方を併せ持つアイデアを生み出すことは困難だということです。

演繹的発想では見つからない、強いアイデアを探し出すのが帰納的発想なのです。マーケティングの知識やノウハウのほとんどは演繹法なので、ルール化、フォーマット化、論理化、プロセス化しやすいのですが、「N1分析」は帰納法なので、そのルール化、フォーマット化、論理化、プロセス化が困難だとも言えます。

ゆえに、「N1分析」に関する書籍や教材は少ないですし、その体系的な学習が困難であるからこそ、身につけると大きな力になるとも言えます。

まず「ロイヤル顧客」に話を聞く

今、多くの企業で「営業効率が悪い」という話をよく耳にしますが、その議論は営業担当者の能力やパフォーマンスに終始する傾向にあります。

しかし、ビジネスで最優先に考慮されるべきは「誰に（ＷＨＯ）、何（ＷＨＡＴ）を提案し、どんな価値をつくるか」です。

そもそも誰に対して何を訴求したらいいかが見えない状態で、いくら営業の人数を増やしても無駄打ちが増え、営業担当者が疲弊するだけです。

「顧客は誰か」からビジネスは、はじまります。そして、どのお客様に、どういう提案をしたら価値を見出してもらえるのかという答えを持っているのは、やはりお客様なのです。

たとえば、パナソニック コネクトは、常にハードな環境でパソコンを使っているお客様から、具体的な使用場面と目的を丁寧に聞き出し、コミュニケーションの訴求やプロダクトの改善に活かしています。

シロクも、よく使ってくださっているお客様の「香りがいい」という言葉から、化粧水のクリエイティブの訴求を変更しました。

しかし、「お客様の声を聞く」というときにやりがちなのが、とりあえずいろいろなお客様に「買ってくださった理由」を聞くことです。

やみくもにお客様にインタビューをすると、一度しか購入していない8割の人に聞いてしまうこともあります。一度は商品を購入したけれど、その後は買わなくなった人に「なぜ買ってくださったのか？」をたずねても、その便益は結果的に満たされていなかったということですから、次につながりにくいです。

まず聞くべきお客様は、2回目の再評価を乗り越えて継続購入をしてくれている少数のロイヤル顧客です。とくに、単価や頻度がアップしている「積極ロイヤル顧客」です（64ページの「9segs」を参照）。

継続が長期間で契約更新のチャーン（解約）がない、あるいは頻度が非常に高いなど継続的に買ってくださっている方々を調べて、聞ける方から順番に20人くらい聞いていきます。

ロイヤルのお客様は、必ず何らかの理由があって、プロダクトを継続的に購入・利用してくださっています。

そういう方に、「そもそも最初の購入（利用）のきっかけや理由は何だったのか？」「なぜ買い続けているのか？」「ほかの商品より優れていると思う点はどこか？」「今はどんな使い方をしているのか？」など、多角的な視点からインタビューしていきます。

何度も購入する、繰り返し使っている、ずっと契約しているお客様が「なぜそうするのか？」を、はじめての出会いから現在までを徹底的にひも解き、どこに便益や独自性を見出しているのかというWHOとWHATを探る。これが「N1インタビュー」の目的です。

WHOとWHATの1つの組み合わせが見えたら、同じように感じているお客様や同じような悩みを持っているお客様はどこにいるのか、どうすればリーチできるかを考えて、そのお客様に伝えたい便益と独自性を伝える内容やリーチの方法を考えます。

デジタルマーケティングなのか、新聞広告なのか、テレビCMなのか、あるいはSNSなのか、

Ｎ１インタビューの対象者の優先順位

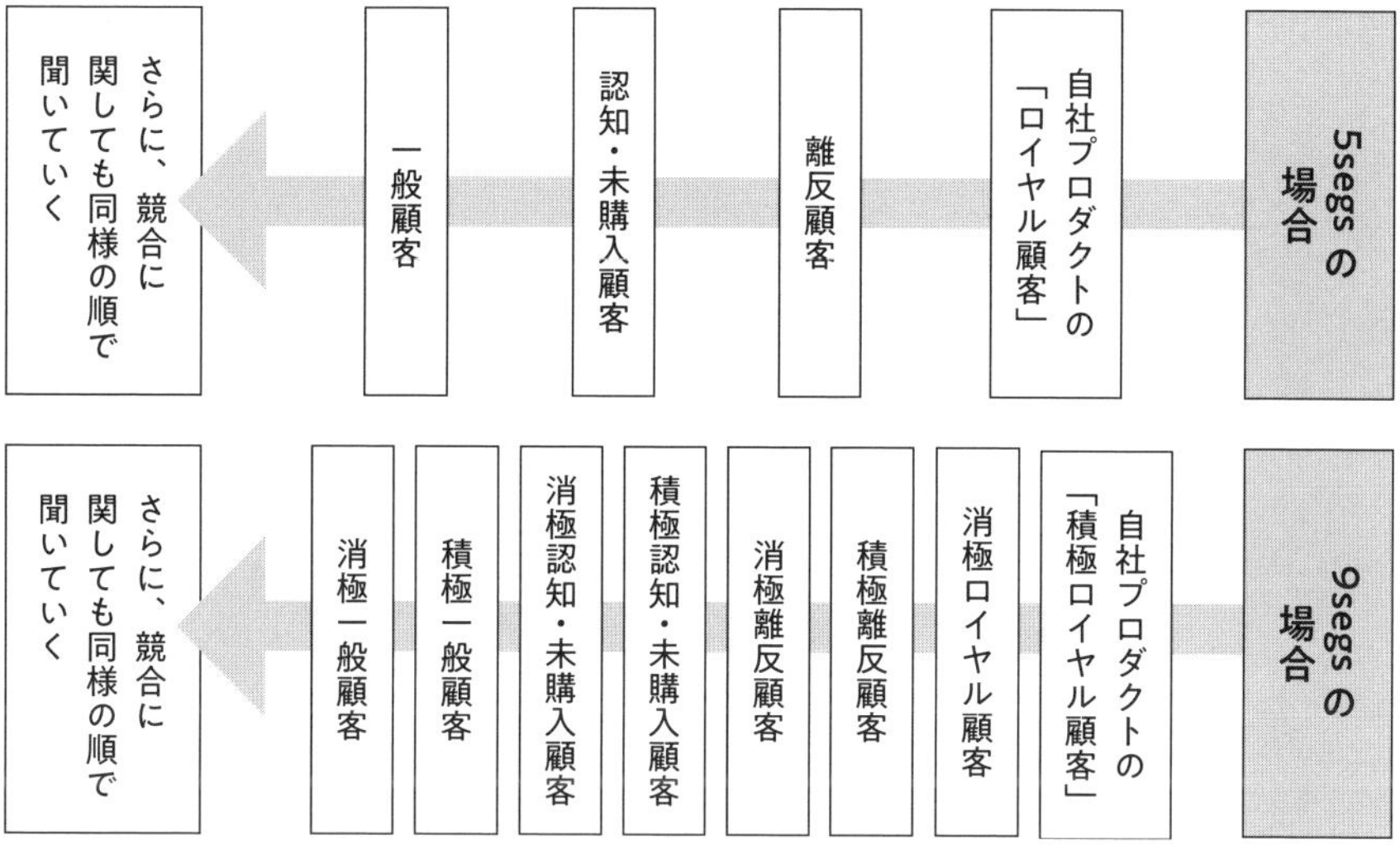

リーチするための手段や方法はさまざまですが、そうした施策でＷＨＯとＷＨＡＴを実際につなげていくのがＨＯＷになります。

それ以降に、商品を買わなくなったお客様にも話を聞けば、よく買ってくれているロイヤル顧客と離反顧客の違いがわかります。

その差異から、「離反顧客を戻すためには何をすべきか」、さらに「ロイヤル顧客や一般顧客を離反させないためにはどうしたらいいか」という打ち手が見えてくるはずです。

また、ロイヤル顧客と、プロダクトを知っているのに購入経験のない未購入顧客の違いは何かを知れば、新規顧客拡大へのマーケティング施策が見えてきます。

参考までに、Ｎ１インタビューの対象者の優先順位をまとめると、上の図のようになります。

利益のカギを握るのは「ロイヤル顧客」

ここで、なぜ「ロイヤル顧客」を重視すべきかを「顧客戦略」の観点から考えてみます。

顧客の中には、ロイヤル顧客、一般顧客、新規顧客、離反顧客など多様なお客様がいますが、そもそもそうした分類をしていない企業もたくさんあります。そして「とにかく新規のお客様をたくさん増やせばいいじゃないか」と言う人もいます。

しかし、新規顧客を獲得するためには、販促活動や広告、宣伝、商品説明、商談など、多大な投資コストがかかります。

一般的に新規顧客の獲得にかかるコストは、リピーターを維持するコストの5倍かかると言われています。これをマーケティング業界では「1：5の法則」などと言っています。

ここで言うリピーターには、ロイヤル顧客も一般顧客も含まれます。実際には「1：5」という数字に明確な根拠があるわけではありません。ロイヤル顧客に絞って計算すると、ロイヤル顧客を維持するコストが1だとしたら、新規顧客の獲得はその10倍や20倍かかることもあります。

ですから、新規顧客をいくら増やしても初回購入で終わってしまう人が多ければ、利益率も累計利益も悪化していきます。

一方、一度購入して満足したお客様は、次回以降も自発的に商品を購入してくださる可能性が高いため、獲得コストは小さくなります。

そのことを、ディズニーランドのチケットを例にして考えてみます。

ディズニーランドは、ほかの遊園地と比べて価格が高いため、常に大きな利益を上げているという印象を持つ人もいるかもしれませんが、話はそれほど単純ではありません。

来園経験のない人にディズニーランドを認知してもらい、チケットを買ってもらうために、メディアへの広告投資コストやＰＲ投資コストを大量にかけているはずです。その投資コストが大きいため、新規顧客だけを獲得していると、売上は伸びても投資対効果や費用対効果が低くなり、利益率は減少します。

しかし、一度ディズニーランドに行って満足した人は、その後も来園する可能性が高くなります。このようなお客様は次回以降も自発的に訪れてくれるため、事実上は投資コストをかけなくてもリピートします。

何度もリピートするお客様が増えれば増えるほど、投資対効果や費用対効果が大きくなり、結果的に利益率も高くなります。

チケット代金は同じでも、新規顧客とリピート顧客では投下コストに対する利益率が大幅に違ってくるということです。

売上向上のために新規顧客の獲得ばかりに注力していると、既存顧客を重視していれば得られたはずの高い利益性とその累計利益を毀損していきます。

高級ブランドなどでもそうです。広告費や店舗維持費、人件費などに多くの予算を割いているため、これらを新規顧客の獲得のコストと見れば1人あたりの新規顧客の獲得のコストは非常に高額になっています。

しかし実際には、これらの投資がブランド価値の向上につながり、お客様に繰り返し購入・利用し続けていただくことで利益性と累計利益が高くなっているのです。いわば、お得意様に長年買い続けてもらうことによってＬＴＶを最大化できるようになっていきます。

どんなビジネスであれ、中長期で考えたときに最も利益への貢献が大きいのは「ロイヤル顧客」です。パレートの法則が示すように、お客様が１００人いたら、そのうちの上位20人、１０００人いたら、上位２００人が累計利益の8割を生み出しています。

そうなると、企業がまず考えなければいけないのは、上位2割のロイヤル顧客をいかに離さないようにするかです。ロイヤル顧客がずっと満足して購入し続けてくれるためにはどうしたらいいのか、さらに高い満足をしてくれるためには何をしたらいいのかという視点を持つことが重要です。

ただし、ロイヤル顧客もさまざまな理由からいつかは必ず離れていきます。第1章の80ページでも述べましたが、どのビジネスでもロイヤル顧客は永遠ではなく、一定の割合でいなくなってしまうものです。

つまり、ロイヤル顧客が1人抜けたら、その1人を埋める、もしくはそれ以上のロイヤル顧客を育てなければ新規顧客の獲得で売上を上げたとしても、利益率と累計利益は確実に下がっていきます。

そのため、何回か購入してくださった一般顧客をロイヤル化するために何をしたらいいのかを考えなければいけません。そうなると、その流れに沿うかたちで、新規顧客も増やしていかなければならない。

しかし、とにかく新規顧客を増やすことだけを考えてしまうと、ロイヤル顧客になりにくい新規顧客を増やすような施策を展開してしまうことが多くあります。よくある例で言えば、「今から1週間は半額」などのキャンペーンです。このような獲得方法は、お客様はその商品の価格は半額という認識で入ってこられるので、普段の価格に戻ったときには離れてしまいます。

1回きりで離れていくようなお客様ではなく、ゆくゆくはロイヤル化してくださるようなお客様はどういう人なのか、そしてその方たちを新規でお迎えするにはどうしたらいいかを考えなければいけません。半額だから購入してくださる方ではなく、そのプロダクトに価値を感じてくださるお客様にリーチする方法を考える必要があるということです。

継続的に利益が上がる仕組み

ここまでをまとめると、企業が考えるべきポイントは次の3つです。

1 ロイヤル顧客がずっと購入し続けてくださるためには何を提案したらいいのか（WHO&WHAT）
2 一般顧客をロイヤル化するためには何を提案したらいいのか（WHO&WHAT）
3 ロイヤル化しそうな新規顧客を獲得するためには何を提案したらいいのか（WHO&WHAT）

ビジネスではこの3つが成立しなければ、継続的に売上が上がり、利益が上がる仕組みにはなりません。極端なことを言えば、ロイヤル顧客を1人失うたびに新規顧客を20倍、30倍獲得しつつ、その中からロイヤル顧客になってくださる方の確率を高め続け、育て続ける必要があるということです。

たとえば、D2Cの分野などでは、事業規模の拡大を急いで新規獲得を目指す企業が多く見られますが、その多くが短期的な売上は上がっているものの、利益が上がりません。中には、破産に陥る可能性がある事業も多く見受けられます。

筆者もD２C系ブランドの相談をよく受けますが、うまくいっている事業は多くありません。なぜなら、ロイヤル顧客が少ないからです。

そうしたブランドでは、元インフルエンサーや元モデルの方が「私の好きなコスメです」などといろいろな提案をし、そのファンが購入するという構造が見られますが、実際はリピートされている商品アイテムは少ない場合が多いです。

言い換えれば、リピートされているのは商品アイテムではなく、インフルエンサー自身なのです。ですから、インフルエンサーの魅力が薄れたり、飽きられたりすると、顧客がすぐに離れてしまいます。

「このインフルエンサーが好きだから、このコスメを買います」というのはインフルエンサー自身の魅力に依存している状態で、リーチが非常に狭いということです。それ以上拡大する可能性は低いです。

その結果、短期的な売上が上がっても、利益は上がらないという状態に陥ってしまいます。「この商品アイテムのここが素晴らしいから、ずっと使い続けています」という状態にならないと、お客様はロイヤル化してくださらないのです。

はじめから短期的な利益を追求して、1回きりのお客様で利益を上げるビジネスモデルでは1回だけで利益が出る仕組みをつくる必要があります。それゆえ、投下コストに対して価格設定を上げる方法もあります。

たとえば、住宅販売もそうです。不動産投資家や富裕層を除けば、人生で何度も住宅を買うという人は一般的ではないため、1回限りで利益が出るような価格設定になっています。

こうしたビジネスモデルの場合、「ストラテジーマップ（70ページ参照）」における4の「価値の再評価」、5の「離反の復帰」というステップに進む顧客数が少ないため、1回の購入で収益が上がる構造になっていることが重要です。

しかし、一過性のビジネスと言っても、既存顧客の満足度が低くてもいいというわけではありません。

なぜなら、ユーザーの口コミや評判は、新規顧客が購入を決める際の大きなポイントになるからです。とくに今はネットですぐに評判や評価を検索できるため、「詐欺行為があった」「もう二度と頼みたくない」といった悪い評価は新規顧客が入りにくい構造をつくります。

SNSを含めて口コミの効果は意外と大きいということを踏まえれば、1回きりのお客様で利益を上げるビジネスでもやるべきことは見えてくるはずです。

「外れ値」に注目すると、商品開発の新しい切り口が見つかることも

「Ｎ１インタビュー」を行う際は、まずロイヤル顧客から話を聞いていきます。頻度高く使い続けているお客様から、企業側にすれば意外な話をうかがうことも少なくありません。

たとえば、20人の顧客に「この商品のどういう部分に価値を感じてくださっているのか？」をうかがうと、重複する内容がいくつか出てくることがほとんどです。筆者の経験則では、20人のお客様がいたら、たいていは３〜５つ程度のパターンに集約されます。

しかし、中には特殊で例外的と感じるような話も出てきます。いわば「外れ値」ですが、こうした話は無視されがちな傾向があります。

統計学でたとえると、データの分布から大きく外れている上位と下位の数％が外れ値（「異常値」や「極端値」とも呼ばれます）で、多くの人が真ん中の平均値や中央値、最頻値を常識的な範囲だととらえ、そこで勝負することを考えます。これが演繹的な発想です。

しかし、すでに市場に多数存在する便益で勝負するというのは独自性に乏しくなります。

それよりも、標準偏差から外れている外れ値を突き詰めていくことで、顧客拡大の可能性が見つかることがあります。一見すれば外れ値に見える便益を感じている顧客の心理と行動の理解を深めていくことで、新たな便益を見つけ出すのです。

市場を創造する「外れ値」モデル

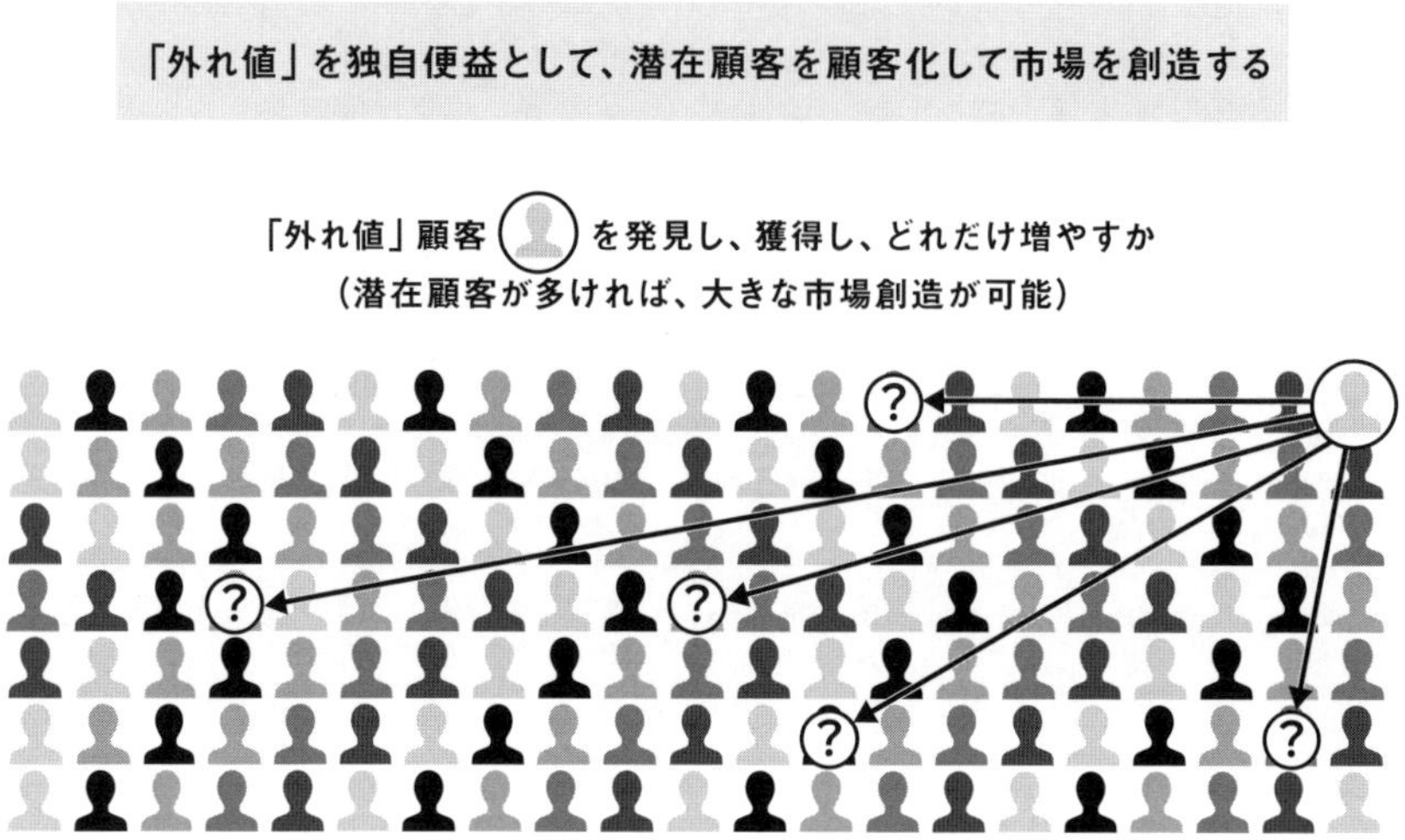

「外れ値」顧客を発見し、獲得し、どれだけ増やすか

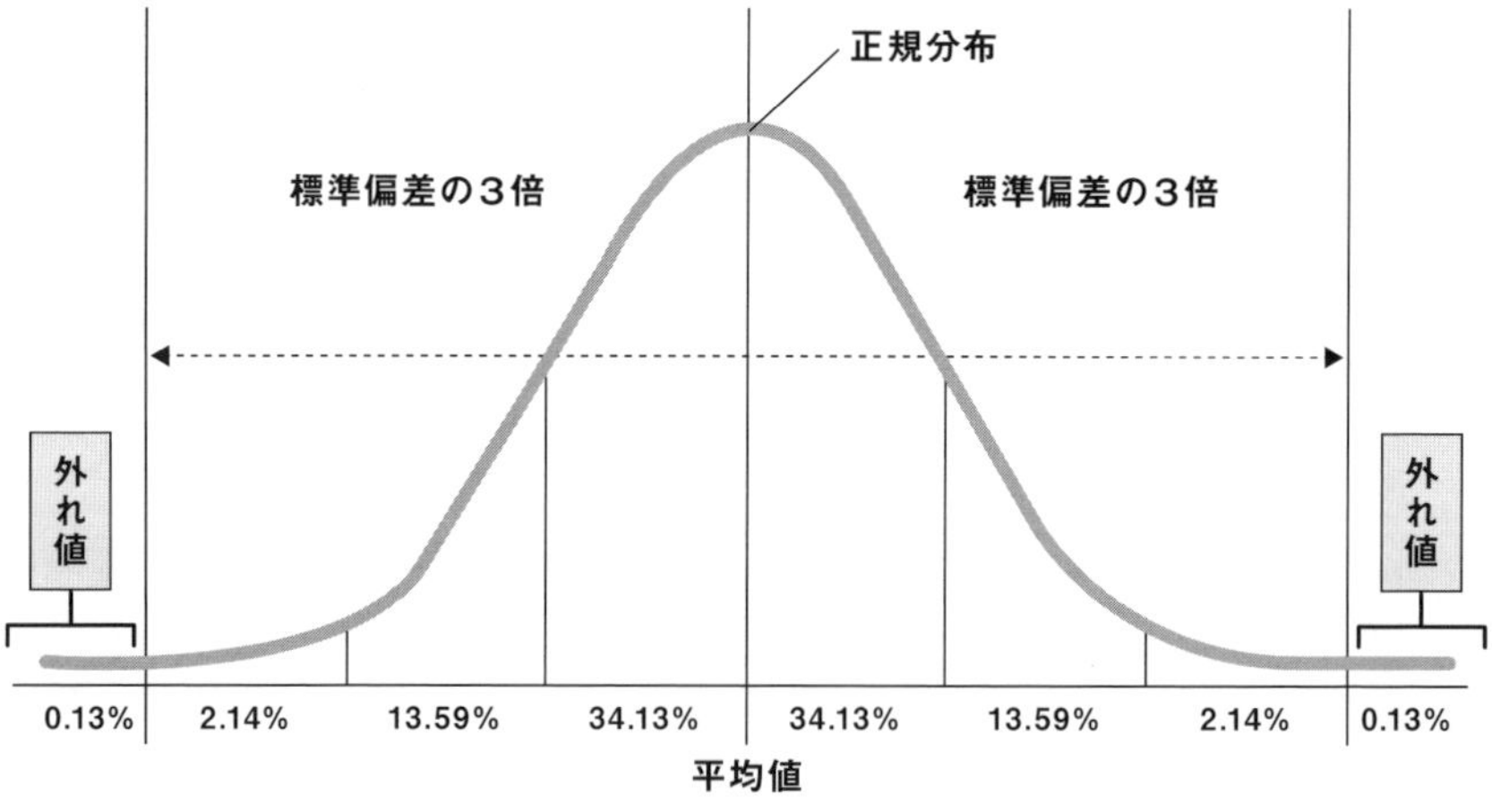

最初は少数の購入意向であっても、その便益を支持する潜在顧客がどこにいるのかを見出すことができれば、新しい市場を創造することができます。

これがいわゆる「ニッチ戦略」です。

「ニッチ戦略」を進める際には、「それは、あなたが欲しいだけではないか」「ほかの人にもあてはまるのか」などと言われることもあると思いますが、実在する誰か１人（経営者自身ということもあります）が心から欲しいと思うものであれば、必ずその背後には同様に反応してくれる何万人、何十万人、何千万人が存在します。

一方、あらゆる人が欲しがりそうなものをつくろうとすると、共感する人は少なくなります。

アサヒビールが缶チューハイに本物のレモンスライスを入れたケースは、これまでにない発想であり、まさに業界の歴史を合算した標準偏差から大きく外れているケースと言えるでしょう。

アックスヤマザキは、一般的なミシンユーザー向けではない子ども用ミシンという外れ値に注目し、新たな市場を創造しました。注文数が多過ぎて製造が追いつかないという男性用ミシンも同様です。

シロクも業界の「常識」から外れ、化粧水に１００％天然の精油を採用し、それが顧客拡大につながりました。

大きなチャンスは常識の「外」にある

ビジネスでは、お客様が自分たちの思い通りに動いてくれないからこそ、ときに行き詰まります。もしお客様が企業の予想通りに動いてくれるなら、マーケティングの施策で悩むこともなく、ビジネスは順調に成長し続けるはずです。

しかし実際にはそうならないからこそ、課題意識が生まれるのです。つまり、自分たちの考えや予想が外れているということです。

おそらく、企業が考えている常識の外側にお客様を動かせるヒントがあるのです。

ですから、事業が成長しないと悩んでいるときは、そもそも自分たちの考えや予想の範疇が狭いということを意識する必要があります。

答えは、企業やマーケターが現時点で持っている常識や知識、信念の外にあるのです。

ほとんどの人は、この「外」を外れ値として目を向けませんが、ロイヤル顧客が話してくださった予想外の感想や意外な行動は、じつは事業を成長させる大きなチャンスを秘めています。

競合のプロダクトの強みを理解するときも、「N1分析」は有益です。筆者も、競合の対抗品を開発する際には競合のロイヤル顧客の「Ｎ1分析」を行っていましたが、やればやっただけ、打ち手の幅が広がります。

しかしお客様自身は、それが答えだとは思っていません。

ビジネスではよく「お客様に聞くのは良くない」と言う人もいますが、それは半分正しく、半分間違っています。お客様は答えそのものではなく、答えにつながるヒントを持っているからです。

答えとは何かというと、お客様に提供すべきプロダクトの具体的なアイデア（プロダクトアイデア）です。もしくは、既存のプロダクトをどう伝えれば、お客様に響くかという訴求方法（コミュニケーションアイデア）です。

お客様は、明確に「これが欲しい」「こう訴求して欲しい」とは言ってくれません。

また、逆にそれを言ってくださっても、お客様は自分が知っている範囲でしか言語化できていないため、だいたいやり尽くされた手段になってしまいます。

それは、Ｎ1インタビューで話を聞くマーケターや企業も同じです。

支援する企業のマーケターが実行したＮ1インタビューを後から見せていただく、あるいは文字起こしを読ませていただくのですが、多くのインタビューでは変わった話や面白い話はあまり掘り下げられず、インタビュアーが自分の理解できる範囲で話を進めていることがほとんどです。

筆者も含めて多くの人がそうですが、なかなか自分自身の既知の範囲を超えられないのです。

Ｎ１インタビューをしていて「お客様が何か変わったことを言っているな」と感じるときは本筋（と信じている流れ）から脱線してしまうと感じるかもしれませんが、むしろ脱線したほうがいいのです。

脱線は自分の常識の外に進んでいる証拠ですから、そこで「それはどういうことですか？」と深掘りしていくと、新しいアイデアにつながる可能性が高いのです。

Point

・一般的なマーケティングでは、巨大市場をどう分類し、どうターゲットを絞るかを演繹的発想で求める方法が主流
・「Ｎ１分析」は、実在する１人を起点に商品開発や広告に活用することで大きな効果を上げる帰納的なアプローチ
・マーケットが縮小する時代には、帰納的発想が有益である
・まずロイヤル顧客に、プロダクトとの出会いから現在までを徹底的にＮ１インタビューする
・事業が伸び悩むときは、そもそも自分たちの考えや予想自体が常識の枠や過去からの延長にとらわれている可能性がある
・Ｎ１インタビューで予想外の感想や意外な行動に話が及んだら、そこを深掘りする
・「外れ値」を突き詰めていくことで、顧客拡大の可能性が見つかることがある

「N1インタビュー」の実践

20人くらいにインタビューをすると、アイデアが見えてくる

「N1分析」は、顧客の潜在的なニーズや心理を深く理解するための分析です。

顧客の中から「実在する特定の1人」を深く分析・理解して、顧客の解像度を高めることによって新たなアイデアが生まれ、そのアイデアを反映して事業の成長につなげる取り組みとも言えます。

N1分析で重要な過程となるのが、「N1インタビュー」です。

自分たちだけでは思いもよらなかった「アイデアの手がかり」を得るために、実在する特定の1人に起きた特異な経験や、データからは読み取れない心の動きをインタビューで洞察していきます。

定量調査や購入行動分析などから事前に導いた仮説を「N1インタビュー」でより深く掘り下げ、

その人の実際の行動や意識から顧客をロイヤル化するためのアイデアの手がかりを見つけることが目的です。

私が「N1インタビュー」を行うときは、だいたい1時間くらいを目処にしています（カジュアルに5分や、30分というケースもあります）。1時間以上のインタビューだと、受ける人が疲れてしまうことも多いためです。

先に触れたように、最初のインタビューイー（インタビュー対象者）には、自社のプロダクトを高頻度で購入していて、しかも今後も買いたいと思っている「ロイヤル顧客」から選ぶことをおすすめします。

これから企画・開発する新商品の場合は、参入しようとしているカテゴリーの競合商品や代替品のロイヤル顧客に話をうかがいます。

「N1インタビュー」を行う人数は、セグメントごとに20人くらいに聞くのが1つの目安になります。筆者の経験則では、4、5人くらいに聞いているときまではそれぞれが特殊なケースのように感じますが、10人程度の話をうかがうまでに何パターンかの仮説が見えてきて、20人に話を聞く頃にはそれが確信に変わります。

話を聞いているうちにこちらの洞察力や仮説設定能力が上がっていき、「あれ、なんか同じようなことを言っている人がいたな」ということがつかめるようになっていくのです。また、20人も話を聞いていると、こちらにも心の余裕が出てきて、聞き逃していたことが聞けるようになります。

それで仮説が見えてこなければ、話を聞く人数を30人、40人と増やしていってもいいのですが、単に人数を増やせばいいということではありません。多くの人の話を聞くことで、むしろ演繹的発想にとらわれてしまうとしたら、N1インタビューを行う意味がないからです。

アックスヤマザキの山﨑社長からも、当初は1000人など大人数の話を聞かなければ意味がないかと思っていたけれど、実際にやってみると数の多さより深さのほうが大事だと気づいたというお話がありました。

20人くらいに深く話を聞いていると、「なぜロイヤル化しているのか」「そもそもなぜ最初に使用したいと思ったのか」「なぜ購入に至ったのか」など、アイデアの手がかりの候補がいくつか見えてきます。

逆に、ロイヤル顧客が20人も見つからない場合は10人でも5人でも構いません。

まずは、その5人がプロダクトのどこにどんな良さを感じてくださっているのかを聞き、その便益をほかのお客様に提示してみて、相手の反応を探るということをひたすら続けていくと、アイデアの手がかりが見つかります。

その後は、マーケティングの課題によって変わってきますが、ロイヤル顧客以外のセグメントにも「N1インタビュー」を行い、ロイヤル顧客層で得られたアイデアの仮説を確認していきます。ロイヤル顧客層で得られたアイデアのきっかけや、似たような例がロイヤル顧客層以外のセグメントで出てこなければチャンスです。そこを広げていくと、顧客がロイヤル化するための仮説につながる可能性があります。

そのアイデアのきっかけをもとに仮説を考え、ほかの方へのインタビューの際に「こういう提案があったらどうですか？」「こんな機能が付いていたら、どう思いますか？」などと聞いてみて、複数の人から好意的な反応があれば、大きなリターンが見込める可能性が出てきます。

逆に、ロイヤル顧客を深掘りした際に特殊な要因を見つけられず、一般顧客の方たちと便益と独自性が同じだとしたら、それは危険な兆候かもしれません。たまたま知り合いだから、お付き合いで買い続けているとか、商品を変更するのが面倒だから続けているだけで、競合から攻められやすい構造になっている可能性もあります。

ただし、実際にはロイヤル顧客ならではの便益と独自性を感じているものの、本人もそのことに気づいていないケースがほとんどです。筆者がコンサルティングさせていただく企業では、そのケースばかりです。ですから、そこをしっかり押さえておくと、一般顧客をロイヤル化するためのアイデアにつながるはずです。

では、次に「N1インタビュー」の大きな流れを説明します。

インタビューの「目的」と「仮説」を立てる

事業の状況を踏まえて、「目的」と「仮説」を定めます。たとえば、「ロイヤル顧客を増やすこと」が目的であれば、顧客がロイヤル化するための仮説（ロイヤル化するパターンの仮説案）を整理し、導き出したいアウトプットレベルで、事前に具体的な仮説を複数立てておきます。

「仮説」をもとに、特定の顧客の行動と心理を深く掘り下げる

表面的なデータや発言をうのみにせず、特定のロイヤル顧客の行動や心理を多方面の質問から掘り下げていきます。プロダクトやブランドに詳しい担当者がインタビューし、解釈や考察をすることが重要です。

新しい「仮説」を考え続けながらインタビューする

インタビューから得た「アイデアのきっかけ」をもとにWHOとWHATを明確にし、さらなる仮説を考えます。より購入してもらうようにするためには、「この人に」「何を提案すれば良いのか」という「戦略仮説」を常に考えながら、インタビュー中に相手に提案を示して検証していくのが理

想です。

１人にインタビューした後、ブリーフィングやデブリーフィングなどでレビューを行う

「どういう特性（心理と行動）のお客様だったのか」をレビューし合い、「どういう提案をすればもっと買ってもらえるか」を議論します。新たな仮説が出てきた場合は、次回以降のインタビューに反映させます。

次に、「Ｎ１インタビュー」のより詳細なやり方を解説していきます。

Ｎ１インタビューに欠かせないのは「目的意識」

Ｎ１インタビューを行う際に最も重要な点は、インタビューをする相手が現在どのセグメントに属しているお客様なのかを認識したうえで、そのお客様に今後どのようになってもらいたいのか、もしくはインタビュー終了時にどんな行動をとって欲しいのかという「目的」を設定することです。

この「目的」を設定していない、あるいは「目的」がぼんやりしている場合はインタビューをしても、「お客様の気持ちを知ることができて、勉強になりました」で終わってしまいます。

しかし「勉強になりました」では、何も変わりません。アクションにつなげられなければ、わざわざN1インタビューを行う意味がないのです。

アクションにつなげられるというのは、仮説を精度高く構築できるようになるということです。N1インタビューの「目的」は人間理解の先にある、「アイデア＝事業成長のための具体的な提案内容」を見つけることなのです。

お客様が今どのような状況にいるのか、そしてそのお客様に今後どのようになっていただきたいのかを明確にしたうえでインタビューに臨むと、インタビュー中にその目的に向かって自分も自然と引っ張られます。

既存商品のロイヤル顧客にインタビューをする際、筆者は必ず2つの目的を設定しています。

1つ目の目的は、「ロイヤル顧客を増やすためのアイデアを探る」ことです。

ロイヤル顧客を増やすためには、新規のときにどう見極めをつけたらいいのか、ロイヤルのお客様の体験から再現できるものはないかを検討します。

たとえば、ロイヤルのお客様がはじめて商品を購入したときの状況や行動、感情、気に入った理由などを詳しく聞き出します。

そして、このお客様と似たような新規顧客を増やすためには、どのような考え方や行動や価値観を持っている人が、プロダクトとどのように出会えばロイヤル顧客になりやすいかを見つけ出すという目的を意識しながら、インタビューを進めていきます。

2つ目は、「ロイヤル顧客がずっと使い続けてくださるためのアイデアを探る」ことです。このお客様に対して、さらにどんな提案をすれば、あるいはどんな経験をしていただければ、ずっと使い続けてくださるのかを考えながら話を聞いていきます。

極端に言えば、ロイヤル顧客が永遠にこのブランドから離れないようにするために、何を言えば、何を体験してもらえばいいのかを探るということです。

ポイントは、なんとなくインタビューをして、なんとなくお客様を理解しようとするのではなく、この人は「このような人だから」「このようなプロダクト」を気に入り、「このような約束」をしたら絶対に買ってくださる、絶対に離れなくなるアイデアとなる便益と独自性を見つけ出すためにインタビューを行っているという目的意識を明確に持つことです。

この人に何を伝えれば購入していただけるのか、購入し続けていただけるのかを見つけ出すという意識を常に頭に置きながら話を聞いていきます。

N1インタビューをしても何も見えてこないとしたら、この目的意識が曖昧になっていると考えられます。

これから企画・開発するプロダクトのN1インタビュー

これから企画・開発する新商品の場合は、競合商品や代替品のロイヤル顧客に話を聞きます。
たとえば、新規参入するカテゴリーのナンバーワンブランドのロイヤル顧客と離反顧客のインタビューを行い、どこに隙があるかを見つけていきます。

ナンバーワンブランドのユーザーでも満たしきれていない便益と独自性の組み合わせがあるとしたら、それはどんなものかを探るのです。

つまり、「この人たちに買っていただくためには何を提案したらいいのか」を、ナンバーワンブランドの代わりに提案すればいいということです。

もしくは、そのブランドに限らず、そのカテゴリーのロイヤリティ（継続的な購入意思）が高い人と、そのカテゴリーの商品をあまり買っていない人の差がどこにあるのかをN1インタビューで突き止めると、そこに隙間が見えてくることもあります。

買わなくなってしまった方へのN1インタビュー

買わなくなってしまったお客様にインタビューをする場合は、「離反顧客が戻るためのアイデアを探る」ことが目的となります。

以前は購入していたけれど、今は購入していないという方には「購入をやめた理由」を聞くのではなく、その方が気づいていなかった可能性のある便益や独自性を呈示し、「それだったら、もう1回買ってみようかな」と思わせられるかどうかを探るのです。

なぜなら、購入をやめた理由を聞いても明確な理由は出てこないからです。「値段が高かったから」という理由が出てくることも多いのですが、そこで値引きを考えるのではなく、「価格以外でどんな便益や独自性を提案したら、この方は再び購入してくださるのか、行動に移してくださるのか」を探ります。

大事なポイントは、プロダクトの便益と独自性にこだわり続け、お客様が本当に求めているニーズが何かを探ることです。

便益や独自性と関係のないところでお客様を惹きつけようとすると、結局のところは「今買ってくださったら50％引きにしますよ」といった価格施策を打つことになります。

ときどき、一度購入してくださったお客様は何がなんでも残さなければいけない、なんとか戻さなければいけないというモードになっている企業もあります。

何か違うと感じて購入や利用をやめたお客様に対して、「今買ってくれたら半額にします」などという営業メールや電話が何度もかかってくるというのは、お客様にとっては迷惑な行為でしかありません。

本来は、「ストラテジーマップ」を見て、お客様の状況と照らし合わせながら、どこに問題があったのかを考えていきます。そして、お客様による「価値の再評価」がどうなっていたのかを洞察して、離反から戻すための施策を考えるのです。

知っているけれど購入していない方へのN1インタビュー

プロダクトのことは知っているけれども購入経験はないという認知未購入のN1インタビューも、買わなくなってしまった方へのN1インタビューと同様です。

「どんな便益があれば、はじめて購入していただけるのか」を探りながら、話を聞いていきます。

仮に、「にんにく卵黄」という健康食品のロイヤル顧客にN1インタビューを行うとします。にんにく卵黄は買ったことがないけれどロイヤルゼリーやマヌカハニーは購入して飲んでいるという方がいたら、ロイヤルゼリーやマヌカハニーからにんにく卵黄にスイッチしてもらうために、あるいは併用してもらうためには何をすればいいのかをN1インタビュー中の会話の中から探っていきます。

このように、購入頻度や次回購入意向でセグメントしたお客様に対して、それぞれの課題を常に念頭に置き、課題解決への提案を示しながら検証していきます。企業が収益を上げ、かつ継続的に利益を上げ続けるための方法は次の５つに収斂されます。

1. ロイヤル顧客からの売上と利益を伸ばす（購入頻度や購入単価を上げる）
2. 一般顧客をロイヤル顧客化して売上と利益を伸ばす
3. 自社のプロダクトを認知している潜在顧客を新規顧客化して売上を伸ばす
4. 自社のプロダクトを認知していない潜在顧客から認知を獲得し、新規顧客化して売上を伸ばす
5. 離反状態にある顧客を戻して売上を伸ばす

まずはプロダクトの顧客構造を振り返り、どのセグメントに課題があるか、また各セグメントで「どの人にどうなってもらいたいか」という「顧客戦略（ＷＨＯ＆ＷＨＡＴ）」の目標を設定していきます。

「ロイヤル顧客数を増やしたい」「新規顧客を増やしたい」「離反顧客を減らしたい」「購入頻度を増やしたい」などといった事業課題に沿って注力すべきセグメントを導き出し、戦略的にインタビューを実施していくことが重要です。

N1インタビューでは「4W1H」で深掘りする

「N1インタビュー」では、お客様の「認知」「購入」「使用」に関わる行動や思考、感情について詳しく聞いていきます。

お客様（WHO）がそのプロダクトを「はじめて認知したとき」「はじめて購入・使用したとき」「リピートしたとき」「購入・使用をやめたとき」「誰かに購入・使用を推奨したとき」などの行動変化ごとに、商品への態度が変わったきっかけ、当時の状況などを、「いつ（When）」「どこで（Where）」「何を／どんなことを（What）」「どのように（How）」「誰が（Who）」の4W1Hをもとに聞いていきます。

When → 「この商品（サービス）を知ったのはいつですか？」
Where → 「どこで知りましたか？」
What → 「何が気になったのですか？」「どこが目につきましたか？」
How → 「どんなふうに知りましたか？」「はじめて知ったとき、どう思いましたか？」
Who → 「誰から聞きましたか？」「どなたと一緒のときに知りましたか？」

＊

お客様がはじめて商品を認知したときの場所や場面、季節や時間帯、認知したきっかけなどを聞いていきます。「夕食のときに妻から聞いた」「同僚との飲み会の席で聞いた」というように、認知の経路に他人が介在することが多いため、「誰と・誰が」を組み合わせて聞くことも多いです。自分自身が商品に気づいたのか、誰かほかの人が気づいたのか。出会いは偶然か、必然か。前から欲しいと思っていたのか、そもそもニーズは顕在化していたのかなど、最初に商品を認知したときのことをさまざまな角度から細かく聞いていきます。

また、「その商品の何が気になったのか」「何が目についたか」「はじめて使ったときにどう思ったか」「どこがいいと思ったか」なども深掘りしていきます。

シロクの向山さんも、お客様が化粧品を買いたくなった瞬間について、「いつ、どこで、誰が、何を、どんなふうに」の4W1Hを聞くほか、具体的にどんなワードが印象に残っているかまで非常に細かく聞いているとおっしゃっています。ここまで突き詰めるからこそ、新しいWHOとWHATの組み合わせを見つけていくことが可能になります。

通常、思考整理のフレームワークでは、ここに「Why＝なぜ」を加える5W1Hが一般的ですが、N1インタビューでは、「なぜ」と聞いても明確な答えは出てこないと思っていたほうがいいで

N1インタビューで聞くポイント

N1インタビューで注意すべきターニングポイント

・はじめてその製品やサービスを認知したとき
・はじめて購入・使用したとき
・2度目の購入など、リピートしたとき
・使用・購入をやめたとき
・誰かに使用・購入をすすめたとき

聞くべきことは「4W1H」

When → 「いつ～？」
Where → 「どこで～？」
What → 「何が～？」「どんな点が～？」
How → 「どんなふうに～？」「～をどう思いましたか？」

＊

Who → 「誰から～？」「誰と一緒に～？」

しょう。答えがあっても、それは事実でない可能性が高いからです。

「いつ、どこで、誰が、何を、どのように」の4W1Hが表しているのは実際の行動である一方、「なぜ」が表すのは人間の心理であり、この4W1Hの裏側にあるものです。

人間の心理には2種類あり、1つは「お腹が空いた」とか「5分で移動しなければいけないので焦っている」などと言語化できる明確な心理です。

もう1つは、自分では明確に意識できない心理です。

じつは、人間が行動する理由の8割以上（9割以上と言う人もいます）が無意識に左右されていると言われています。そして言語化されません。

それは、行動する理由は存在するものの、自分で言語化できていない状態です。本当の理由があるにもかかわらず、自分自身で認識できていないため、その理由を答えることができないのです。「Ｎ１インタビュー」で行うのは、その人の４Ｗ１Ｈを詳細に聞いて、そこから、その人の言語化されない心理である「Why＝なぜ」を探り洞察することです。インタビューする側として、４Ｗ１Ｈを詳しく理解する前に、「なぜ（Why）」を探すことから入ると、自分の考えられる常識の範囲や過去の延長線上で事実ではない結論を導いてしまいます。

「Why」とは、結局のところ心理的要因に基づくものであり、どう感じているか、何が好きか、何が嫌いか、何を怖いと思うか、何を良いと思うかといった心の動きです。その心の動きをつくり出す要因は必ずどこかにあって、おそらくその後も変わることはありません。そして、それに関連する便益や独自性が、ロイヤリティを支える重要な要素となっています。

お客様に「便益」を聞かない理由

その後、Ｎ１インタビューで「初回購入時の購入理由」「使用後の評価」「リピート時の評価」などについても、４Ｗ１Ｈを用いて「いつ、どこで、誰が、何を、どんなふうに」と細かく聞いていきます。

なお、最初に認知したときのことを忘れているお客様もいます。

最初に認知したときのインパクトが強ければよく覚えていますが、今の評価のほうが高ければ最初の認知の記憶は薄れてしまいます。

その場合は、現在の使用状況から話をはじめて徐々に過去に戻っていくと思い出せることもあるため、相手の様子を見ながら最初の認知から聞いていくのか、現在の使用状況からさかのぼって聞いていくのかを使い分けていきます。

このように細かく聞いていくのは、お客様にとっての便益と独自性とそのきっかけを知るためですが、その際、お客様に「この商品の便益は何だと思いますか？」とストレートに聞いても、たいていお客様自身はわかりません。

お客様にとって何が便益になっているのかは、さまざまな角度から細かく質問しながら、こちらが洞察して見つけ出すものです。

たとえば、「○○を知って、どうしても欲しいと思った」とか「○○があるから手放せない」などの言葉がお客様から出てきたら、「○○」に当たる部分がその人にとって便益に近い何かであることがわかります。

また、「使う前と使った後では、あなた自身にどんな変化があったか？」という質問の答えからもそのお客様にとって何が便益になっているかがわかります。

さらに、「この商品の前にどんな代替品を使っていたか？」「どんな競合や代替品を認知していて、なぜ、こちらを選んだか？」などを聞き、競合と比較させることも重要です。それによって、お客様がこのプロダクトのどこに便益を感じているかが洞察できます。

独自性も同様です。「何が独自性だと思いますか？」と聞いても、たいていお客様にはわかりません。その人にとっての独自性が何かを知りたければ、「あの商品ではなくて、この商品は何が違うのですか？」という質問のほうが効果的です。

「Ｎ１インタビュー」の前提として頭に入れておいていただきたいのは、行動の変化につながる心理の変化は、ほとんどの場合、お客様自身は意識していないということです。意識していない場合、それを言語化することはできません。

そして、その心理はときに非合理、矛盾を感じられることがあります。これを直接聞くのではなく、４Ｗ１Ｈから洞察するのです。

どんな人でも、自分の心理や行動の変化を筋道立てて説明できるわけではありませんから、インタビューをする側は、お客様の言葉の端々から無意識に望んでいることを推察しながら話を聞いていきます。

たとえば先述した、にんにく卵黄を購入したお客様への認知のきっかけに関するN1インタビューの流れの例です。

インタビュアー：この商品をはじめて知ったのはいつですか？
N1：妻が広告で見て前から気になっていたようで、一緒に薬局に行ったときに妻がすすめてきたんです。
インタビュアー：この商品を知ったとき、何か気になったことってありました？
N1：「にんにく卵黄」という名前がちょっと気になりましたね。
インタビュアー：へえ。どんなところが気になったんですか？
N1：なんか健康に良さそうだと思って。
インタビュアー：普段から健康を気にされているんですか？　何かほかに健康にいいことって、されていますか？
N1：月に何度かはジムに通って運動しているんですけどね。
インタビュアー：ジムで運動、いいですね。ほかに何かされていますか？
N1：最近は野菜サラダもよく食べてます。
インタビュアー：どうして野菜サラダを食べるようになったんですか？

Ｎ１：私は肉が好きでよく食べるんですが、やっぱり体のためには野菜も食べておいたほうがいいかなと思って。そうすれば、冷え性も良くなるのではないかと。
インタビュアー：冷え性なんですか？
Ｎ１：そうなんですよ。バランスよく食べると冷え性も治るかと思ってるんですけど……。

ここまでで、このお客様は「健康を気にしている」「偏った食生活にならないかを気にしている」「冷え性を治したいと思っている」などがわかります（実際には葉物野菜を食べるとますます体が冷えてしまうという現実があるのですが）。

そこで、この方にとってのにんにく卵黄の便益と独自性がいくつか考えられます。「体が温まる」「食事のバランスが整う」などが便益かもしれません。また、「ジムに通うよりも簡単」「手軽に飲みやすい」ということが独自性になるかもしれません。こうして、この方にとっての便益と独自性の組み合わせが少しずつ見えてきます。

その際には、「野菜サラダは体を冷やす」というのは、訴求（ＨＯＷ）のアイデアのヒントになります。

ただし、これはあくまで１つの例であり、お客様に何を聞いたらいいのかという決まった正解はありません。

「N1インタビュー」では、どのようなアイデア（便益と独自性の組み合わせ）が、どのような環境下で評価され、お客様の行動を左右しているのかを考えながら話を聞くことが重要です。

1対1の対話で広げていく

次に、N1インタビューで「初回利用時」について話を聞いていく際のポイントです。実際に使っていただいて、どう思ったかということを、さきほどと同じように4W1Hで詳しく聞いていきます。

にんにく卵黄の例で言うと、たとえば次のような質問です。

「いつ、どんなときに食べられましたか？」（When）
「どこで食べられましたか？」（Where）
「ご家庭ですか、職場ですか？」（Where）
「朝食ですか、昼食ですか、夕食ですか？」（When）
「ごはんを食べられる前ですか、後ですか？」（When）
「それだけをどのように召し上がりましたか？」（How）

「どなたかと一緒に食べられましたか？」（Who）
「ご家族のみなさんはどうされていますか？」（Who）

このように、その体験がどこで、どういう場面で行われ、そこに誰が介在し、どのようなコミュニケーションが発生しているかという４Ｗ１Ｈを突き詰めながら、実際の場面が映像として浮かぶくらい解像度高く聞いていきます。

「再購入してくださったとき（リピートしたとき）」についても、詳しく聞きます。

「食べたときにどう思いましたか？」（What）
「その後、何か変化はありましたか？」（What）
「続けていただいてどう思われますか」（What）

この「価値の再評価」で注意が必要なのは、最初の購入時と評価している価値が変わっていることがあるという点です。

お客様は冷え性に効くと思って買ったけれども、朝の目覚めが良くなったという効果を感じてくださっているかもしれません。その場合はお客様にとっての価値が変わっているので、「冷え性が治る」よりも「朝の目覚めがいい」という訴求のほうがいいかもしれません。

そうやって、「N1インタビュー」を通して、対話の中から丁寧に拾い上げていくと、誰に向けて、どんな場面で、どんな広告で、何を訴求するかというアイデアが見えてきたりします。

「N1インタビュー」では、こうしたことを1対1の対話で少しずつ探っていきます。ときどき、「アンケートのような定型的なフォーマットでお客様に聞いてもいいのでしょうか？」と聞かれることがあるのですが、おすすめしません。お客様と対話をしながらでなければ話は広がっていかないからです。

たとえば、次のようなアンケートがあります。

Q　あなたにとって、この商品の何が良いかをお答えください。

1　健康になる
2　体が温まる
3　おいしい

こうしたクローズドクエスチョンの場合、お客様ご自身もあまり深く考えたことがなければ「まあ、健康と言えば健康かな」くらいの感覚で答えるため、一般的な回答になりがちです。こうした調査で見えてくるインサイトというのは、結局はどこにでもありそうな答えでしかなく、打ち手のアイデアにはつながりません。

しかし1対1で対話をすると、いろいろな洞察が可能になります。

「あれ、この人、冷え性だって言っていて、野菜をよく食べているのか。そもそもなんで野菜を食べているんだろう?」という疑問をぶつけてみると、もしかしたらお客様は何か誤解しているか、何かを知らないかもしれません。そうだとすれば、打ち手のアイデアにつながることもあります。

たとえば、「野菜を食べれば、それだけで健康になると思って食べていませんか?」といった、コミュニケーションアイデアによるコピーなども考えられます。

ですから、インタビューをする際も、選択肢の中から選ぶクローズドクエスチョンにならないよう、イエス・ノーで答えられる質問はあまりしないように気をつけてください。

また、数人のお客様をまとめてグループインタビューをするマーケターもいますが、複数をまとめて聞くと平均的な値に収束しやすいため、結局は中途半端になってしまいます。量的にも意味はありませんし、やはり1人ひとりと対話をして深掘りしたほうがいいです。

このように、「N1インタビュー」はすればするほど、アイデアにつながる引き出しが増えていきます。結果的に、常識や過去の延長にとらわれず、マーケターとしての仮説設定能力も高まっていくのです。

押さえるべきは、お客様の心が動いた「強い瞬間」と「変化」

「N1インタビュー」では、実在する1人の顧客の解像度を高めることで企業側が見出していなかった商品の使われ方や魅力を発見することを通して、新たなWHOとWHATの可能性を探ります。

その際には、顧客が「認知」から「購入」、そして「ロイヤル化」までどのような道筋を通ってきたのかを示す「カスタマージャーニー」を作成しながら行動の変化を時系列で整理し、行動に変化を与えた「心が動いたポイント」を見つけることが重要です。

インタビューの際は、購入・利用行動においてお客様がたどるカスタマージャーニーを整理しながら「このときはこんな状況だった」「このときはこんな気持ちがした」ということを1つひとつ確認していきます。

はじめて買ってみよう、使ってみようと思ったときの「WHAT（便益と独自性）」と、使用後にずっと使い続けたいと思ったときの「WHAT（便益と独自性）」は異なっていることが多いです。また、顧客としての人物は同じでも、はじめて買うときと使用後では、そのWHOの心理状態やニーズは異なっていますので、それぞれの時点でのWHO（異なる心理状態やニーズを持つ顧客）として顧客の変化を理解しなければなりません。

カスタマージャーニーを整理する

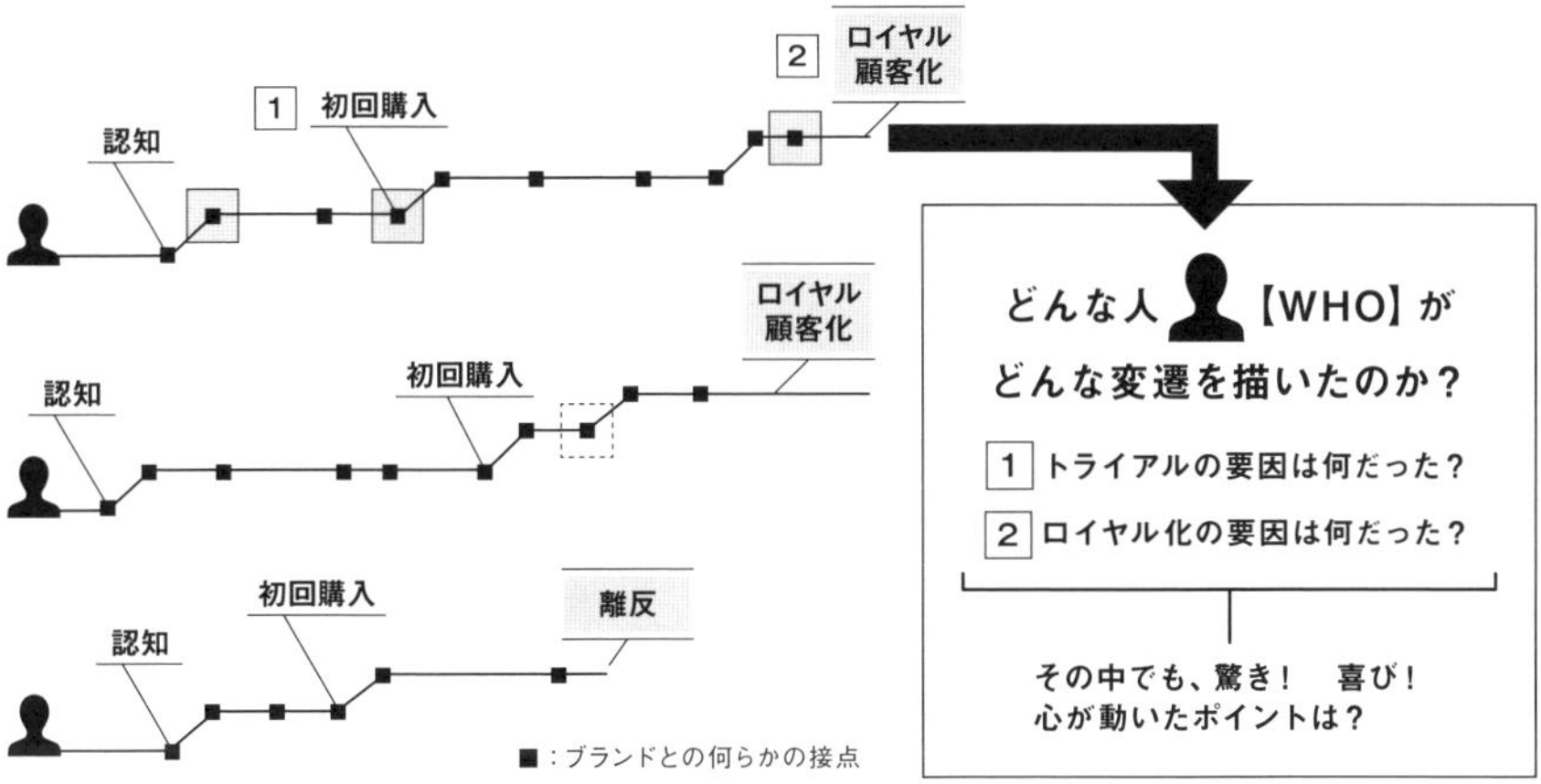

© Wisdom Evolution Company

【WHAT】ロイヤル顧客２つの価値：WHAT 1　WHAT 2

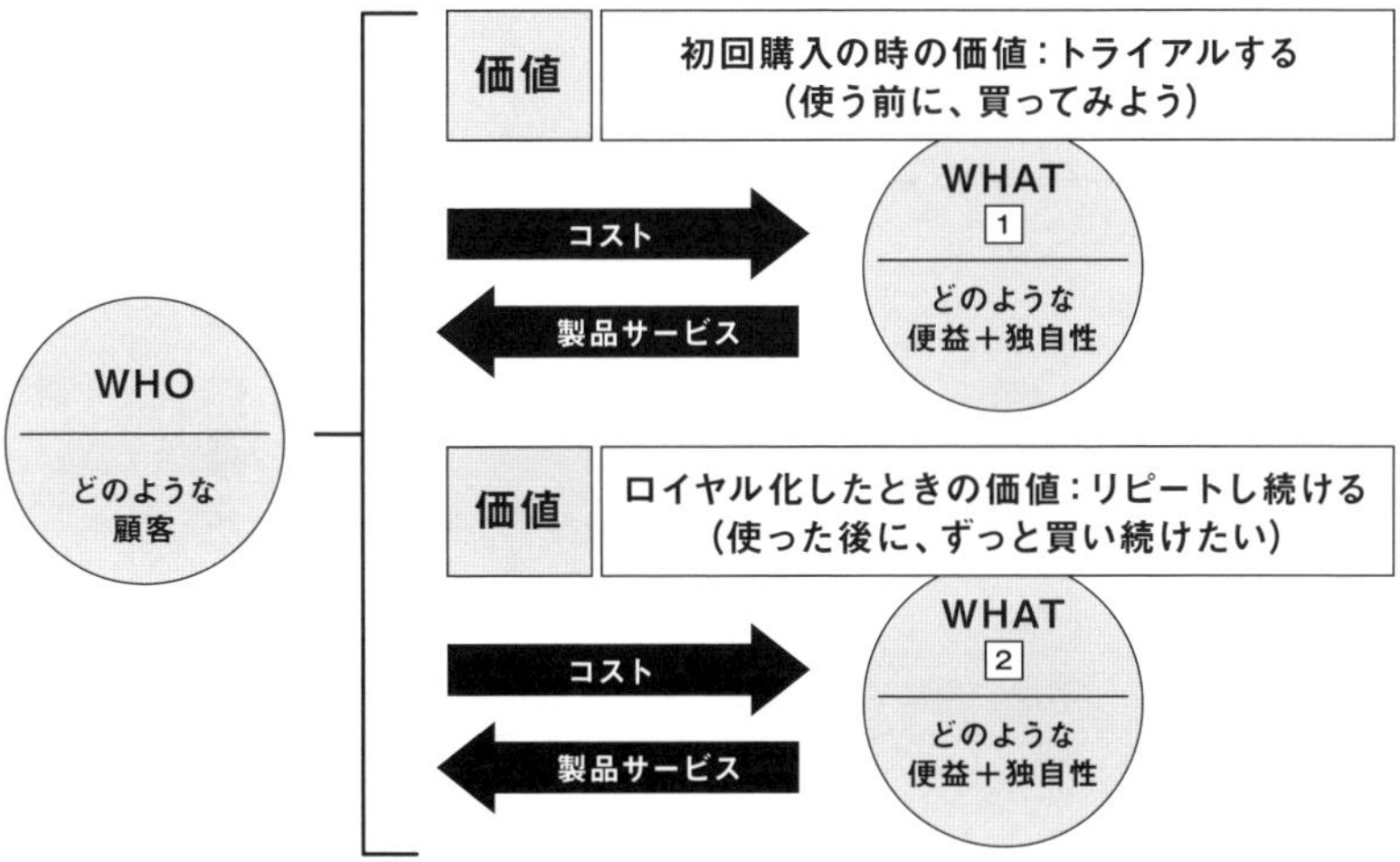

© Wisdom Evolution Company

「仮説」から「戦略」へ、「戦略」から「施策」へ

これまで述べてきたように、N1インタビューをすれば、必ずお客様が明確なアイデアを語ってくださるわけではありません。

「N1インタビュー」は顧客理解の解像度を高め、ロイヤル化までにいたる「アイデアのヒント」を得る手段です。インタビューを通してお客様の購入行動を心理的に深く掘り下げるためには、事前に「仮説」を準備しておく必要があります。

インタビューで得たヒントを考察しながら、その仮説案の精度を高めて「WHOとWHAT」にします。

その後、LTVの最大化に向けたWHOとWHATを結び付ける具体的な施策（HOW）を検討します。

そして、もし仮説になかった想定外の話がインタビュー中に出てきたら、「その違い」がわかるまで確認することが重要です。仮説とは違う点を掘り下げていくことで、事業拡大のチャンスにつながる可能性があるからです。

さらに、N1インタビューで「WHOとWHAT」のアイデアが見えてきたら、次のお客様のイ

ンタビューで仮説案として呈示し、検証します。インタビュー中は、「この人に」「何を提案すればいいか」という仮説を常に頭の中で考え続けながら話を聞きます。

何かアイデアがあるなら、インタビューでいろいろ聞いた後に「たとえば、このブランドでこういう製品が出たら、どう思います？」などと投げかけてみることです。

筆者が「N1インタビュー」をする場合は、そのようなアイデアを5つ程度は用意しておいて、どう思われるかを聞いています。お客様の返事がなんだかよくわからないという感じだったり、「あ、いいですね」くらいの他人事なトーンだったりしたら、あまり良い反応とは言えません。

「それ、すごくいいじゃないですか！」「それ、使いたいです！」といった前向きな反応があれば脈ありですし、「それ、いつ出るんですか？」「え、いくらですか？」のように具体的な購入アクションにつながるような反応が出たときは、勝ち筋ととらえていいでしょう。

１人の人がそれだけ反応したときというのは、必ず同じように反応する人がいます。後は、それが1万人なのか、１００万人なのかというどこまでスケールするかの問題です。

さらに、その反応を主軸にして、次の「N1インタビュー」の際に投げてみます。そうやって反応をうかがっていったときに何人かが強い反応をしたら、実際に小規模なテストなどの実行に移していきます。

ただ、パナソニックコネクトの関口さんもお話しされていたように、そのパターンをバイアス

（思い込みや偏見）にはしないよう注意しましょう。す。

仮説は必要ですが、企業やマーケター側の思い込みをたしかめるインタビューにはしないことで

最初から相手に仮説をぶつけると余計なバイアスがかかってしまうため、インタビューの最後に、自分の持っている仮説を投げてみます。それが違うようなら、くどくど説明せずにすぐ引っ込めます。

仮説は持っていたほうがいいけれども、それを相手に押しつけないことです。

最初のうちは、こうした仮説の立案を難しく感じる人も多いと思います。

お客様の解像度が低ければ、当然、仮説は立てられません。

もちろん、最初から仮説設定能力が高ければ、言うことはありませんが、「N1分析」自体の経験値が低ければ、そもそも仮説が十分に出てこないこともありえます。

その場合は、「N1インタビュー」でお客様の話を聞き、顧客理解を深めながら仮説設定能力を高めていくしかありません。

最初のうちは精度が粗くてもいいので、事業の課題を振り返り、演繹的なデータを検討して自分なりに仮説案をつくっておくことが重要です。ただし、これはあくまで出発点です。1人のお客様へのインタビューをしていくごとに、また違う仮説が出てきます。

そのようにして、アイデアの候補が徐々に増えていくので、インタビューを繰り返せば繰り返すほど、当たりを探ることができるようになっていきます。

さきほどN1インタビューの際には「目的」が重要であるという話をしましたが、「仮説」も同様です。事業の課題も把握していない、インタビューの相手の購入行動も理解していない、何の仮説も持っていないという状態でN1インタビューをすると、アイデアのきっかけがあっても見逃してしまいます。

最終的にマーケティングやビジネスで成果につながるかどうかは、このアイデアがつくれるかどうかです。どれだけ分析をしても、結局、お客様に提案するWHATが思いつかなければ、プロダクトの売上にはつながりません。

筆者は、さまざまな分野の企業のコンサルティングをしていますが、それ以外でも誰に頼まれたわけでもないにもかかわらず、いろいろな分野の方にインタビューをしています。

好奇心からの行動なのですが、大ヒットしている商品や、何かの製品に対するヘビーユーザーを見つけたら、いろいろな角度から個人的にインタビューして、なぜそういう心理状態になっているかを掘り下げるようにしているのです。そして、「ほかの方にこの製品を買ってもらうとしたら、どうしたら買ってもらえるか」などと勝手に目的を設定して、推察しながら話を聞いています。

日頃からこうしたことをしていると、そのうち、いろいろな分野に共通するパターンが見えてきます。そして、人がモノを買うときに感じる便益や独自性には相似形があることなどを実感しています。

「1人の開発担当者の声」からの戦略転換が功を奏した「オバジ」のケース

開発者1人（N1）の声が大きな成長につながったケースもあります。筆者がロート製薬時代に担当させていただいたスキンケアブランドで「Obagi（オバジ）」という、いわゆるドクターコスメ（専門家が開発や監修に関わり、効果を認めているコスメ）がありました。

米国のビバリーヒルズを拠点とする皮膚科医のゼイン・オバジ（Zein Obagi）先生のスキンケア理論に基づいたブランドで、ロート製薬が一般向けの商品を共同開発し販売していました。

ロート製薬は「N1分析」を非常に大切にしている会社で、私は2006年から在籍した8年の間にさまざまなブランドを通じて、その重要性を学ばせていただきましたが、「オバジ」もそうしたブランドの1つです。

その「オバジ」から、本格的なスキンケア商品として2001年に誕生したのが美容液の「オバジC」です。「オバジC」は多くのドラッグストアでの推奨販売も獲得することで、肌のトラブルに悩まれている多くのお客様に支持されてヒット商品になりました。美容液としての「オバジC」のラインナップはC５、C10、C20と拡充しつつ売上を順調に伸ばしていました。

現場の声を大切にしなければいけないとの想いで、「オバジ」の商品企画メンバーと推奨していただいているドラッグストアや営業現場に、どうすれば売上を伸ばせるかと話を聞くと、「美容液だけでなく化粧水などの基礎化粧品が欲しい」「毎日使うには値段が高いので安くして欲しい」といった声が聞こえていました。

後から思えば、こういった声は、どんな商品でも出てくるもので、お客様も店員さんも「聞かれたから答える」程度の返答でしかなく、本当のニーズを洞察する「N1分析」からはほど遠いのですが、当時は、その声を頼りに製品開発チームに頑張っていただいて、新しい化粧水や乳液のラインナップ、さらに値段を抑えたベーシックラインを次々と投入しました。

これらの商品はすでに成功している「オバジC」からの新商品の提案なので話題になり、売上も順調でしたが、1年、2年経つと「オバジ」全体の売上は徐々に鈍化してきました。そのような中、お客様のリピートや離反率をアイテムごとに見ないまま、課題が曖昧なまま、次の新商品の開発・投入を製品開発チームと相談していました。

今から思えば非常に恥ずかしい話なのですが、売上の鈍化は、新商品を出すことで解決すると考えていたのです。その際の会話は、今でも忘れません。私から製品開発チームに「『オバジC』のような優れた商品をつくって欲しい」というような浅はかな話をして、当時スキンケアを担当されていた開発部長から強くたしなめられることになりました。

開発部長の指摘は、次のようなものでした。

「お客様のためになるなら何でもつくる」

「しかし、『オバジC』のような優れた商品が簡単につくれるとは考えないで欲しい」

「『オバジC』は、他社には真似できないロート製薬の技術で何年もかかって開発したもので、その想いを軽く見てはいけない」

「そもそも、本当に『オバジC』を喜んでもらえるお客様に『オバジC』は届いているのか？」

「新商品を出したいというので、どんどん開発して出したが、誰が使ってくれているのか？　その方たちは、『オバジC』は必要ないのか？」

ぐうの音も出ませんでした。とくに、当時の「オバジ」の認知度は女性のスキンケアのユーザーの中でまだ10％にも満たない事実を知りながら、「オバジC」の潜在的な顧客が、あと何人いるのかも答えられず、「N1」の理解の問題以前の状態でした。ロート製薬は開発力が強いので甘えていたとしか言えません。

そして、開発部長の指摘にあった「そもそも、本当に『オバジC』を喜んでもらえるお客様に『オバジC』は届いているのか？」という問いは、その後の私のビジネスにも大きな影響をいただいた言葉でした。

この開発部長は女性で、ご自身が「オバジC」のロイヤルユーザーでした。自分が納得する商品を何年もかけて開発し、それを使い続けていたのです。これは大きな起点でした。「新商品の提案で売上を上げる」の一本槍な方針から、『オバジC』をもっと多くの潜在顧客に届けて売上を上げる可能性を探る」「それで満たされないニーズに新商品の提案をする」となったのです。

この一件がある前から、お客様へのインタビューは商品企画チームでも多く行っていましたが、振り返ってみれば「どんな新商品を開発すれば売れるか」という視点でお客様にインタビューをしていたに過ぎなかったのです。

「『オバジC』を届けることで喜んでいただける潜在的顧客は誰か？」という視点で、「オバジC」のユーザー以外のインタビューをはじめると、その可能性は非常に大きいことが見えてきました。

多くのニキビに悩む方、肌荒れの頻度の高い方、肌のくすみが気になる方に、それらを解決できる「オバジC」の認知はなく、たとえ認知されていても「それは皮膚科医の商品でしょ？」くらいの認識で、自分向けと思える便益がまったく伝わっていないことがわかりました。

その後、2年ほどかかりましたが、店頭も広告の訴求もすべて「オバジC」を軸にして、皮膚科医によるプロダクトというイメージではなく、ビタミンCとトラブルのない美しい肌の便益を押し出したことで、「オバジC」のアイテムを軸に力強い成長軌道に戻りました。

ご自身もロイヤルユーザーであった開発部長の厳しい指摘をきっかけとして、「顧客起点」「N1起点」に戻れたと言えます。この出来事は、私のビジネス観を大きく変えてくれました。非常にありがたい機会をいただけたと感謝しています。

また、さらに開発難易度の高い「オバジC25」という商品も2019年に発売され、それ以外のラインアップも伸長し、最新の決算でもその継続的な成長が報告されています。

Point

・「N1インタビュー」を20人くらい行うと、共通するパターンが見えてくる
・「N1インタビュー」では目的の設定が重要。それがなければ、単なる顧客理解で終わってしまう
・「お客様の気持ちがよくわかりました」「勉強になりました」で終わらない
・「認知」「初回利用」「リピート」「離反」「再評価」などのターニングポイントごとに「4W1H」で深掘りしていく
・インタビューで押さえるポイントはロイヤル化する「強い瞬間」。カスタマージャーニーを掘り下げ、心が動いたポイントを探る
・精度が粗くてもいいから、事前に事実データから検討を重ねて仮説をつくっておくことが大事

マーケティングの「アイデア」抽出

「インサイト（潜在ニーズ）」と「アイデア」

「N1インタビュー」からお客様が感じている便益と独自性を見出すためには、「お客様自身が気づいていない潜在的なニーズ（インサイト）」を洞察する必要があります。これは「N1分析」で最も説明の難しい部分でありながらも、ビジネスの結果を大きく左右するところです。

ただし、N1インタビューをしたけれど、プロダクトの便益と独自性を見極められないというケースもあります。なぜなら、インサイトは行動を左右している、人間の欲望、矛盾、嫉妬、憧れ、不満などといった深層心理そのものだからです。本人も意識していない心理が行動に影響を与えているのです。

誰かが絶対に欲しいと思っているものがある場合、その裏には深いインサイトが存在します。たとえば、「フェラーリに乗りたい」という強い欲望があるとしたら、その欲望はさまざまなコンプレックスや憧れ、幼少期の体験などに基づいていることも少なくありません。インサイトは、深層心理の欲望や欲求、ニーズにつながっているのです。

とくに特定のプロダクトやブランドが大好きというときは、わかりやすい機能便益に惹かれている場合もありますが、それ以外の要素が絡む場合も多いです。

それは幼少期の体験や、親や家族の影響、育った環境、満たされなかった欲望、昔感じた快感や達成感などが積み重なってできた個人の価値観によるものです。その人が快適だと思い、何を不快と思うのか。そこが見えてくると、その人にとって外してはいけない要素や欲望、願望、憧れなどが見えてきます。

こう書くと難しく感じるかもしれませんが、実際には人間の行動というのはそれほど複雑ではありません。人間は生まれたときから生存本能や種を残すための本能に動かされており、ホルモンバランスなどの影響も受けています。自分の命を守って快適に生きるために何かを手に入れたり、大切にしたりしています。

さまざまなサービスを利用するときや、モノを買うときも同様です。ほとんどの行動は意識的ではなく、そのときの気分や体調などによっても左右されますが、行動パターン自体はそれほど多くありません。

ただし、お客様の言葉の端々から無意識に望んでいらっしゃることを推察しながら話を聞くためには、何度もインタビューと分析を繰り返し、経験を積むことが求められます。

ふとした顔の表情や話し方、話している内容の矛盾、脈絡のない文脈から出てきた言葉、話しているときの仕草、その人の着ている洋服や持ち物など、さまざまなところから、「この人は本当は何を求めていて、どういったことに悩みを感じていて、心底欲しいと思っているものは何だろう。どうしたら、この人は喜んでくれるだろう」ということを常に考え続けて、頭の中で仮説検証をしていくしかありません。

そして「N1インタビュー」を重ねながら、「違った」「これじゃない」といった失敗を繰り返していくうちに、「あ、これだ！」とお客様が求めているものを見つけられるようになっていきます。試行錯誤を重ねることで、お客様の心理を洞察する力や理解する力が少しずつ身についていくのです。

その意味では、第2章のケーススタディなどのような、ほかの人の経験を知ることにも意味があります。直接的・間接的に多くのケースを経験することが重要です。

たとえば、アックスヤマザキの山﨑社長が、周囲から「今どきミシン？」と言われ、「面倒」「難しい」「邪魔」という課題を抱えていたにもかかわらず、子育て世帯向けにミシンの開発を進めたのは、実際に会っていろいろな話を聞いたお母さんたちが、躊躇しながらも「やってみたい」と感じている潜在的ニーズを持っていることに気がついたからです。

それらの課題をクリアできれば、そのお母さんたちが買ってくれる、という「仮説」を持つことができたのです。

シロクの向山さんも、N１インタビューを重ねるうちに「化粧水による癒やし」について熱く語る方たちに出会い、これこそ自分たちが推すべきところだと気づきました。

やはり、１人ひとりのお客様へのインタビューを20人ほど実施していくと、しだいに「こういうことが言いたいのかな」と洞察できるようになってきます。

筆者自身も、オフィスで自分の頭の中だけで考えて「ひらめいた！」などということはありません。お客様の話を聞きながら、その行動の裏側にある心理的な背景を懸命に探っていき、その方が何を良しとされているのか、何を便益と感じ取っているのかを見つけています。

その意味では、「N１分析」ではそれほど複雑なことや難しいことをしているわけではありません。顧客が言葉にできない便益や独自性を見つけ出すために仮説を考え続け、顧客の話を聞き続け、顧客に憑依するかの如く、何が喜んでいただけるか、何が価値になるかを愚直に考え続けることなのです。

レビューと振り返り

1人のお客様への「N1インタビュー」をした後は、傍聴者や参加者全員でブリーフィング（デブリーフィング）などでレビューを行うといいでしょう。

各自の記録をもとに、「どんな人だったのか」「お客様の驚きや喜びなど心が動いたポイントは何だったか」「想定外だった出来事は何か」「新しい気づきや発見はあったか」など、いろいろな可能性を確認します。

このレビューでは、ほかのお客様との「共通項」だけでなく、「外れ値」や「異常値」に注目することも重要です。変わっていて驚いた話や、これまでの仮説と違うところがあれば、そこに拡大のチャンスがある可能性が高くなります。

このお客様の潜在ニーズを汲み取り、「WHO（顧客像）」や「WHAT（便益と独自性）」を整理していきます。その際には、「WHO×WHAT①」や「WHO×WHAT②」のように、複数の「顧客戦略（WHO&WHAT）」の組み合わせが考えられます。

そして、それぞれの顧客戦略に向けた再現性のある施策「HOW」を考えます。そうしてまとめたものは、新しい仮説案として次のN1インタビューに取り入れていきます。

また、次回以降に追加するべき質問事項がないかを確認します。

パナソニック コネクトの関口さんは、Ｎ１インタビュー後のレビューにはインタビューの５倍の時間をかけていると話されていました。しかも、そのお客様に関わる職能の人をすべて集め、全員であらゆる角度から検討することで顧客理解の解像度を上げられていました。

このように、単なるインタビューで終わらせず、お客様をどう解釈し、今後のアイデアにどうつなげていくかが重要です。

高速でＰＤＣＡを回しながら「勝ち筋」を見つける

Ｎ１インタビューで「ＷＨＯとＷＨＡＴ」のアイデアが複数見えてきたら、小さなテストを行い、コストに見合うだけの顧客の反応があるのか、お金を払ってくださる顧客がどれだけいるのかという投資対効果を検証します。

マスマーケティングのように、１つの戦略を決めたらそこに１００％投資するのではなく、施策の実行においても帰納的なプロセスをたどります。

「Ｎ１インタビュー」から出てきた戦略仮説を施策に落とし込み、小さなテストでお客様の反応を確かめながら、投資に見合うかどうかを検討し、見合うものだけを拡大していくのです。

これまでに実施した／実施している施策（HOW）の見直し、新たに追加する施策（HOW）の検討

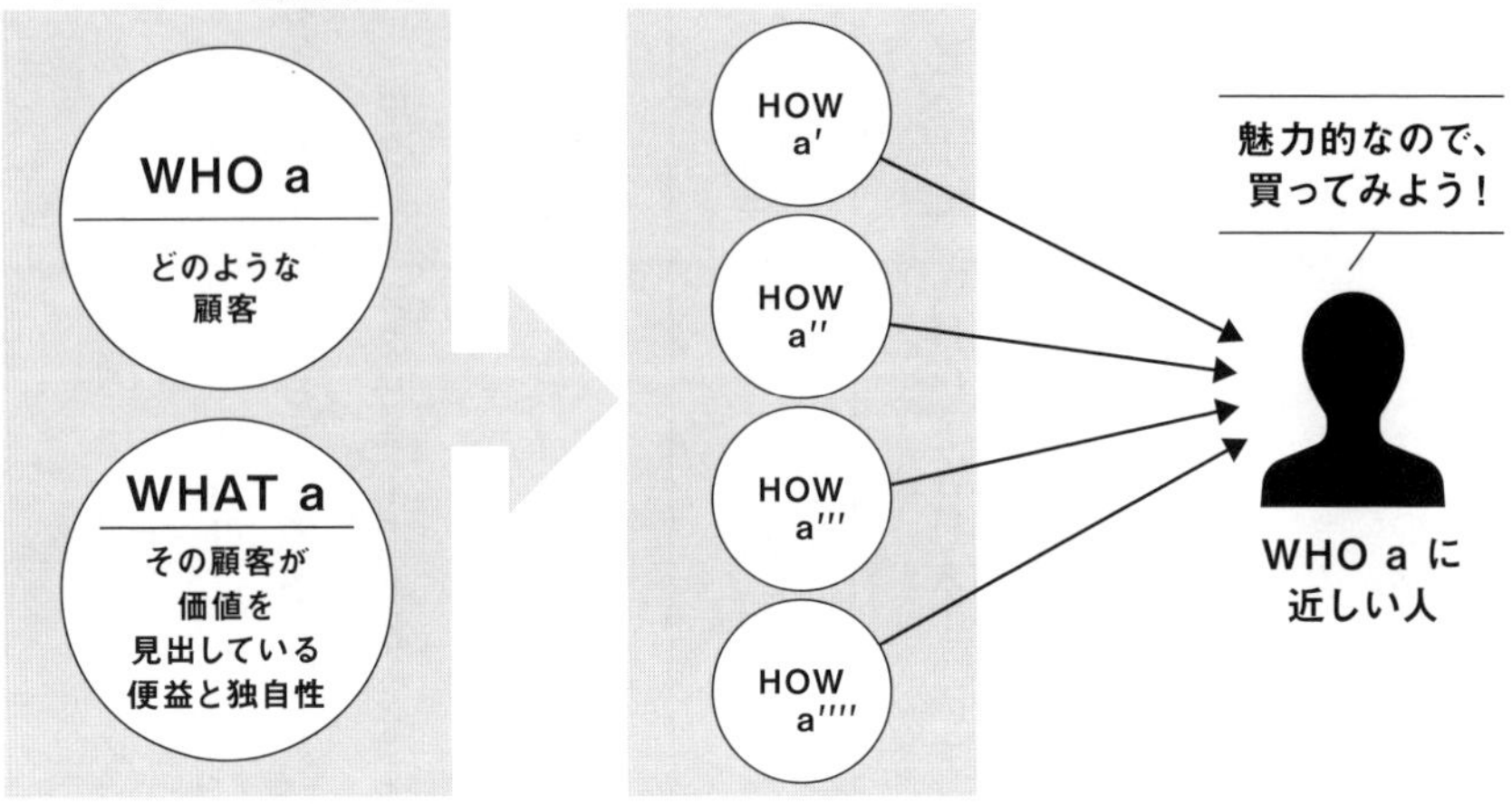

小さなテストというのは、アイデアスクリーニングテストやコンセプトテストなどの事前のアンケート調査のほか、実際のマーケットでの商品の発売やサービスの開始も含まれます。

筆者がおすすめするのは、アンケート調査を経て、実際にマーケットで小さく限定的にテストを実行してみることです。

やはり実際のマーケットではアンケート調査では想定しきれない差異が出てくるので、大規模な投資の前に、マーケットでお客様の反応を確認したほうが良いでしょう。

第2章のケーススタディでも、たとえばアサヒビールは本物のレモンスライスを入れた「未来のレモンサワー」をネットで限定販売されたり、数量限定や地域限定で販売された

りしています。

また、缶を開けたときの泡の出方が一定ではない「生ジョッキ缶」を、逆転の発想で「お客様ご自身の手で完成させる商品」と位置付け、体験されたお客様の驚きや喜びもコミュニケーション訴求に反映されています。

まさに、PDCAを回しながら「勝ち筋」を見つけられている例と言えます。

アックスヤマザキの山﨑社長も、ミシンの体験会を頻繁に行い、ターゲット層に実際に使ってもらって反応をうかがい、開発やコミュニケーション訴求に反映されていました。

とくに、これまでにないニッチな子ども向けミシンの開発中には、子どもたちがミシンを取り合っている様子を見て、「これはいける！」という実感を得ていらっしゃいました。

シロクも、「N organic」のお客様にN1インタビューを毎日行うほか、お客様からのレビューを1日100件以上いただき、それらを翌日にはクリエイティブ訴求に活かされています。

ほかのインターネットサービスやアプリにおいても、不完全な状態であってもいち早くリリースすることを優先し、お客様の声を聞きながらアップデートされています。

筆者自身も、これまでに担当してきたプロダクトで「WHOとWHAT」を検証するテストを頻繁に行っています。

たとえば、スマートニュースでは地域限定で「猫チャンネル」のテレビCMに投資したところ、予想より新規顧客の獲得数が増えず、高額なテレビCMよりもオンライン広告などのデジタル施策に変更したほうがいいと判断しました。プロ野球の「12球団チャンネル」もオープン戦の開幕時はテレビCMの運用が成り立つものの、それ以外の時期はやはりデジタルに投資すべきだと考えました。

このように、常に5〜6の「WHOとWHAT」の組み合わせを検証しています。

「WHOとWHAT」の仮説をつくって小規模にテストする一方で、次の「WHOとWHAT」の仮説をつくり、それもまた小さくテストして検証していくというプロセスは、筆者の支援先の企業でも必ずやっていただいています。

1つの「WHOとWHAT」がうまくいっていたら、それをどうやって最大化すべく拡大していくかを考えますが、それは「HOW」の領域になります。

どんなルートで、最初の「WHO」と同じようなお客様にリーチさせ、どんなふうにそのお客様にいいと思っていただける便益と独自性をお伝えするのか、です。ただし、この水平的拡大だけでは、いずれ限界がきます。その限界がくる前に、次の「WHOとWHAT」を考えておく必要があるのです。

たとえばクーポンの施策が新規顧客の獲得に大きな効果をあげたとしても、クーポンに慣れた人たちはしだいに飽きてきます。そうなると、次の新しい便益と独自性を提案する可能性が出てきます。

このように「ＷＨＯとＷＨＡＴ」の組み合わせを複数つくり、効果検証のためのテストをして勝ち抜き戦を行いながら、勝ち残ったものを拡大していく。その一方で、それが枯れ果てる前に、次の勝ち抜き戦で勝ち残った「ＷＨＯとＷＨＡＴ」を拡大していく。この流れを延々と続けていくことが重要です。

Point

- 人間の行動の理由（心理）は、ほとんどは意識されていないので言語化し難い
- インタビュー前には、仮説を立てておく
- 仮説を立てつつ、それを検証するためにさまざまな角度から質問を繰り返す
- 顧客理解を深めながら、仮説設定能力を上げていく
- 関係者で「Ｎ１インタビュー」のレビューを行う
- 「Ｎ１分析」を重ねるうちにインサイトや注目すべきポイントのパターンがわかるようになっていく

「顧客起点」が事業を成長させる

「N1分析」を事業担当者や責任者が行うべき理由

担当者だけで「N1分析」を行っても、なかなか会社全体の動きにつながらないことがあります。とくにマーケティング責任者、事業責任者、経営責任者がお客様のことを深く知ろうとしていないというケースでは、せっかく行った「N1分析」の結果も施策実行の段階でつまずきかねません。

「N1分析」は、顧客に対する訴求や打ち手を最も広く考え実行できる人、あるいは最も自社のプロダクトを理解している人が担当すべきです。社長や事業責任者は本来、その立ち位置にいます。

問題意識と施策についての仮説を多く持っている人が行うことで、顧客についての「新しい発見」があった際に、迅速に具体的な施策を提案し、反応を見ることができます。

逆に、「N1分析」の結果、新しいアイデアが出てきても打ち手の判断（できる／できない）をする人がいなければ、なかなか先に進めません。

それは、第2章のケーススタディの例を見ても明らかでしょう。たとえば、アサヒビールの「未来のレモンサワー」も、松山社長自らが関わっていたからこそ、缶チューハイに生のレモンを入れるなどのこれまでの常識にとらわれないアイデアを追求できたのです。

意思決定に関わる人たちが、それぞれが納得できる便益と独自性は何だろうと考えたうえで、どういう提案をするか検討することが重要です。


つまり、事業責任者や経営トップがお客様の理解に努めなければ、事業は成長しにくいということです。お客様の理解を共有していない経営者や事業責任者からすると、どんなに素晴らしいアイデアやヒントを部下や現場が見つけても、それらは、奇抜で、的外れで、非常識にしか見えないので、新しい可能性を否定することになります。

自社が今どんなお客様に、どんな便益と独自性を提供しているから、この売上が成り立っている。そして、それが何パターンあるということを、経営陣も把握しなければいけませんし、開発担当者も営業担当者も理解していなければいけません。

このお客様の理解が、組織を貫く「横串」になります。

よく「うちの会社は縦割り組織で、部門ごとの連携もなくバラバラで……」という話が出ますが、部署間をつなぐものは「顧客理解」であるべきです。どのお客様が会社にとって重要で、そのお客様には何を提供しなければいけないのか、それをみなで共有できていれば、各部門でやることが異なっていても、大きなズレは生じないのです。

パナソニック コネクトでも、実際の部署間をつなぐ横軸は「お客様」であるという話がありましたが、CMOの山口さんもおっしゃっていたように、数年にわたるカルチャー改革やマーケティング改革で会社全体にお客様と向き合うという意識が浸透していたからこそでしょう。

また、前に触れたように、組織が大きくなると「顧客起点」から外れていく企業が多くなりますが、やはり経営の枠組み全体で「顧客起点」でとらえる必要性があります。

第2章に登場した4社すべてが、「お客様」を真ん中に置くことで新しい価値を生み出し続けています。

「顧客起点」が事業を成長させ、企業を変えていくのです。

さらに、いろいろな企業で「担当者がお客様に会いに行く時間を確保できない」という話をよく聞きます。ビジネスパーソンの多くは常に時間に追われており、組織内での事務仕事や他部署との調整、クレーム処理などに追われ、なかなかお客様に目を向けられないかもしれません。

しかし、お客様を理解せずにマーケティングをするというのは、目隠しで車を運転するような行為です。

朝、会社に出社したら、メールの処理やトラブル対応、期日の迫られた業務に追われ、あっという間に1日が過ぎてしまう。筆者自身もかつてこうした時間を過ごしてきたこともあります。お客様の話を聞くこともない日々の中で、ビジネスの結果も出ませんでした。オペレーション中に起きたことに反応しているだけで、「今日も1日、何の価値も生み出さなかった」という感覚が日に日に大きくなっていったのです。

もしも読者のみなさんが当時の筆者と同じように感じているのであれば、やはりお客様にお会いして、お話をうかがうことをおすすめします。

「お客様に会いに行く時間がない」と筆者に言っていた担当者たちも、実際にお客様に会ってお話を聞くと、必ずと言っていいほど、その考えを大きく変えました。「頭を殴られたくらいの衝撃でした」「目が覚めました」などと言う人も多く、担当者たちはみな、お客様を理解するための時間を割くようになりました。そして、成果も上げています。

実際に「顧客起点」の体験をしなければ、こうしたことに気づくのは難しいかもしれませんが、まずは少しずつでもお客様に会うための時間をとることが大切です。

全権を掌握しているつもりで「N1分析」を行う

それから、マーケティング担当者が「N1インタビュー」をする際は、(実際にはそうではないとしても)全権を持った経営者の視点に切り替えて行うことが重要です。

「N1インタビュー」の際には、目の前のお客様が今どういうステージにいて、これからどうなって欲しいかという目的を持つことが重要だという話をしました。それに加えて、インタビューする側が、自分は商品の変更もできる、パッケージの変更もできる、コミュニケーションの変更もできる、何なら社内のルールも変えられるといった意識で話を聞いていくと、打ち手の幅の可能性が大きく広がっていきます。

ところが、マーケティング部門の1人という意識でN1インタビューをしていると、視界が狭くなり、経営陣が介入しそうなところや開発そのものに関わるところは、無意識に選択肢から外して、そもそも視野に入らなくなってしまいます。

その結果、大きな便益や独自性を見出す可能性を見逃してしまうのです。

そもそも経営トップや事業責任者が「N1分析」を行うことがなぜいいのかと言うと、部門や役職、責任範囲などにとらわれない、すべての可能性と自由度を持っているからです。お客様に喜んでいただき、売上を上げて利益を増やそうという責任と権限の両方を持っているからです。

したがって、意識だけでも全権を掌握しているつもりで「N1分析」を行うことです。「N1分析」において、この視点の切り替えは大事なポイントです。

「N1分析」をされる際には、プロダクト単体やマーケティングの施策だけに目を向けるのではなく、ぜひ事業や経営全体を含めた視点を持って進めてみてください。

Ｎ１分析の敵は「過去の成功体験」や「社内の常識」

第2章のアサヒビールのケースの中で、「アサヒスーパードライ ドライクリスタル」の開発時には「3・5%のビールなんて邪道だ」という社内の反対があったというエピソードがありました。アサヒビールと言えば、アルコール度数5・0%の「スーパードライ」。それが社内の「常識」になっていたからこそ、その名の付いたビールで低アルコールを出すことに抵抗があったのでしょう。

この例のように、大きな事業を営む会社では、過去の成功体験や社内の常識がビジネスの成長を阻みます。とくに「N1分析」を進めるうえで大きな障害になるのは、過去の成功例やこれまでの常識にあてはめて考えるという演繹的なアプローチです。そのアプローチで物事が進んでいると、いくら担当者がお客様から聞いたという話をしても、「そんな個別のケース、どのくらい買う人がいるのかわからない」などと言われて可能性を打ち消されてしまうことになります。

しかし、これまでの過去の延長でしかない常識で判断し、過去にはない未来の議論を進めようとする前提こそ、大きな矛盾であることを認識すべきです。それでは、何度も議論や会議を重ねても、結局は、競合他社と似たようなところで勝負し、同じ便益の分野での比較級で勝つことを目指さざるをえなくなるのです。結果、売上が上がったとしても、投資対効果も利益性も下がっていきます。

そもそも常識というのは、過去の成功から導き出された思考や判断の習慣に過ぎません。したがって、永遠に通用する常識など存在しないという前提に立つべきです。そのような常識が存在しないからこそ、既存の大企業が関連事業のスタートアップに取って代わられることがあるのです。常識がない非常識を推奨しているのではなく、「常識の否定＝〝否〟常識」が重要なのです。

アックスヤマザキの子ども向けミシンや男性向けミシンも、「ミシンは主婦が使うもの」という従来の常識からは大きく外れるものです。しかし、常識にとらわれない意思決定が独自の便益による顧客を生み出したのです。

シロクも、化粧水に100％天然の精油を使われていますが、天然の精油を使うとエグみが出ることがあり、原価も高くなるため、コスメ業界では常識的ではありません。そのため、ＯＥＭのメーカーには驚かれたけれども、それが独自性のある便益につながったという話がありました。

パナソニック コネクトでも、N１インタビューでお客様から驚くような話が出てきた際に、そこを深掘りして本質を追求することで、次のヒントにつながることが多いという話がありました。

２００７年にアップルからiPhoneがはじめて発売されたとき、その新規性ゆえに「こんな製品は売れない」「商業的に成功するとは思えない」と酷評されたというエピソードがあります。

その後のiPhoneの大躍進を見れば、それらの評価が間違いであったことがわかりますが、やはり多くの人はそれまでの常識にとらわれがちで、そこにあてはまらないものに対しては懐疑的になるのです。

「これまでの常識にはとらわれない斬新な発想で……」

「従来の枠を超える新しいイノベーションを……」

いろいろな企業で、多くの人がよく口にする言葉ですが、そのわりに新しいアイデアが提案されたときには、「それは本当に売れるの？」「奇抜すぎない？」「ニッチでしょう」といった反応が見受けられることが少なくありません。

理路整然とした賢そうなプレゼンテーションをする人はたくさんいます。魅力的な図表や詳細な市場規模、環境分析などがたくさん盛り込まれたプレゼンテーションです。

しかし、そういう人に「何をしたいのか」を聞いても、「これから○○市場に商機があります」といった誰もが言いそうなことや、どこかで聞いたような答えしか返ってきません。なぜなら、過去の積み上げである現状を演繹的にとらえているに過ぎないからです。

演繹的なアプローチには多くの人が納得感を抱きます。なぜなら、それは自分が知っている、もしくは、ある程度理解できる世界の中で論理が組み立てられ、結論が導き出されているからです。安心するのです。

しかし、多くの人が「これなら売れる」と納得できるようなものは、大きな成功には結び付かないはずです。なぜなら、既存の常識の延長線上にあるからです。お客様にとって何ら新しい価値を提案するポテンシャルがないということです。

一方、帰納的なアプローチをとると、びっくりしてしまう人や拒否反応を示す人も多いです。自分の知らないことや考えたこともない発想だからです。不安になるのです。

ですから、見方を変えれば、お客様から話を聞いてびっくりしたときや、つい笑ってしまったときには、そこを深掘りすれば大きなチャンスがあるということです。

そのときに常識的な考え方や既存の切り口、前例ありきの判断方法で評価すると、例外的なケースとして避けてしまうことになり、結果的には大きな当たりや成功にはつながらないのです。

周囲に「Ｎ１分析」を反対されたときは

こんな質問をいただくこともあります。

「自分自身は『Ｎ１分析』をしたいと考えているものの、上司やクライアントがマスマーケティングを信じている。彼らを説得するにはどうしたらいいのか」

これは現場でよく見られる構図ですが、やはり上司やクライアントが「Ｎ１分析」に対する理解を深め、納得してくれなければ進めていくことは難しいでしょう。

そのとき、無理に相手を説得しようとするのではなく、まずは結果を出すことに集中するのも１つの考え方です。

たとえば、上司やクライアントに合わせて従来のマスマーケティング的な方法を進めながら、自分自身で「Ｎ１インタビュー」を行い、Ｎ１ベースの仮説を立て、打ち手の検討段階で「Ｎ１分析」から導き出したＨＯＷ（打ち手）を提案するというやり方もあります。

その際は、もちろん自社のお客様に話を聞くのが一番ですが、ＢｔｏＣのプロダクトであれば、周囲の人たちにヒアリングすることで見えてくることもあります。

アックスヤマザキの山﨑社長も、友人やそのご家族などからミシンについて話を聞き、さらに友人が勤める学校の生徒に集まってもらって試作中のミシンの体験会をするなど、積極的に自分の周囲でヒアリングを重ねた結果、さまざまなアイデアを打ち出されています。

自分が使用しない商品であっても、周りのユーザーやお客様に話を聞いて「お客様の感覚」を磨いていくことはできるのです。

オーナー社長が、自分の家族や偶然出会ったお客様から聞いた話をもとに、新製品やリニューアル商品の企画をすることがあります。

周りの社員としては、一生懸命いろいろな調査や準備をしているのに、知り合いの意見ひとつで方向性が左右されることにとまどうこともあるかもしれません。

しかし、そうした「N1」の声をしっかり拾い上げ、ほかにも同じようなニーズを持つ人がいるのではないかという視点で物事をとらえていると、結果的に成功することも多いです。とくに創業社長やオーナー社長は、N1ベースでお客様の1人ひとりを重視している方が多いと感じます。

経営者でなくとも、こうした「顧客起点」で物事をとらえられると、ビジネスを進めるうえでも非常に有益です。マスマーケットを演繹的にとらえるアプローチを好む人が多い分、N1ベースの仮説を立てられると、効果のあるアイデアや打ち手を出しやすくなります。

大事な点は、1人ひとりの名前のある個人としてのお客様としっかり向き合い、そのお客様のニーズをつかむことです。それを続けていけば、精度の高い仮説設定ができるようになっていきます。

繰り返しになりますが、演繹的発想と帰納的発想のどちらも身につけておくことが重要です。「Ｎ１分析」を行いながらも、自分の思い込みだけで進めずに組織として効果的に動くためには、ある程度はマーケットを定義し、9segsや5segsに分けて整理する必要があります。

しかし、それでも「Ｎ１」からスタートすることの重要性は変わりません。

Point

- 事業責任者や経営トップがお客様の理解に努めなければ、事業は成長しない
- 「Ｎ１分析」の敵は「過去の成功体験」や「常識的な考え方」にある
- 常識にとらわれない意思決定が独自の便益を生み出す
- マスを演繹的にとらえるアプローチを好む人が多いからこそ、Ｎ１ベースだと、多くの人が見つけることのできないアイデアや打ち手を出しやすくなる

トライ&エラー&ラーン

2割の成功と8割の失敗

講演やオンラインサロンなどでマーケティングの実践者に話を聞くと、「N1分析に挑戦しているけれど、成果が出ない」という相談をいただくことがあります。

詳しく話をうかがえば、それぞれに原因や背景が考えられると思いますが、確実に言えるのは、100%の確率で成果を出し続けている人はいないということです。

これは筆者も著書や取材でよく言っていることで、マーケティングに百発百中はありません。これまで常勝という人は私の知る限り、1人もいません。

もちろん筆者自身もそうですし、周りの優秀なマーケターもそうです。公表していないとしても、多くのマーケターがたくさん失敗し、たくさん失敗から学んでいます。

筆者もたくさん失敗し、そのつど、夜も眠れないほど悩んできました。とくに20代から30代にかけては失敗の経験からメンタルも体調もボロボロだった時期もあります。失敗した痛みは誰にも負けないくらい経験していると思います。

28歳のときには、あるプロジェクトで大失敗し、当時在籍していたP&Gに何十億円もの損失を与えることになりました。これは筆者の中で強烈なトラウマとして残りました。その後もさまざまなブランドを担当しましたが、何年間も当時の失敗を引きずり、「なぜ失敗したのか?」と自問しながら過ごしました。

筆者の中でうまくいかなかった事例は約8割、うまくいった事例は2割程度です。

この2割の成功の売上や利益の貢献が非常に大きいため、8割の失敗の損失を大きくカバーしているのです。

第2章のケーススタディでは、アサヒビールの松山社長からもP&G在籍時にリンスインシャンプーのフルリニューアルのプロジェクトで失敗されたという話で、「生身の人間に対する解像度を上げて、お客様の心を動かさなければ、どんなに数字が成功を物語っていても失敗する」ことを実感されたとおっしゃっています。

マーケティングは、「お客様をお客様自身が理解している以上に理解すること」に尽きます。

筆者自身の過去の失敗も、振り返ってみれば顧客を見誤っていたとき、その理解が浅いときが、ほとんどです。だからこそ、顧客について理解し直し、施策を考え直したところ、うまくいったケースも数多くあります。

周りで結果を出し続けているマーケターを見ても、「顧客視点」を強く持つ人ばかりです。

BtoC、BtoBを問わず結果を出しているマーケターはみな、人間に強い興味や関心を持っています。常にいろいろなプロダクトに興味を持ち、それに対して人がどう反応しているのか、なぜこの商品が売れているのかとよく考えています。人への興味を持ち続け、世の中のあらゆるプロダクトについて好奇心を持つことが、マーケティングで結果を出す素養であると言っても過言ではありません。

これは「結局、マーケティングは何からはじめるべきか」という問いの答えにも重なります。その答えは、ここでも「顧客を誰よりも顧客自身よりも理解する」ということです。

そして、使い続けてくださるロイヤル顧客に話を聞くこと。オフィスから離れて、あなたのプロダクトを長く買い続けてくださっている、しかも単価が高いものを高頻度で買ってくださっているお客様の話を聞きに行っていただきたいです。

どんなときも、まずはお客様と向き合うこと。

自らお客様と向き合って何が顧客の価値になるのかを考え、仮説をつくり、施策に落とし込み、それを実行して、失敗したらそこから学んでいくしかないのです。


このことはマーケティング担当者に限らず、営業担当者も同じです。

たとえば、あなたがＢtoＢの営業担当で５社のクライアントを担当しているなら、それぞれのクライアントに価値が成立するＷＨＯとＷＨＡＴの組み合わせは何かを考えてみてください。

もし自分の売上が伸びていないとしたら、どこに問題があるのかを「ストラテジーマップ」（70ページ参照）をもとに考えてみます。１回購入してくださったＡ社は、なぜ再購入してくれないのか。価値の再評価が行われなかったのはなぜか。また、新規開拓できるとしたら、どのＷＨＯとＷＨＡＴなのか、それに惹かれるお客様はどんなお客様で、どこに訴求したらいいのか。

優れた営業パーソンはみな、自分が売るプロダクトのどこにお客様が価値を見出すかをきちんと理解していて、それをきちんと訴求しています。

そのような営業パーソンのプレゼンテーションは、非常にシンプルでわかりやすいです。一方、営業で苦労している方は商品の説明が長く、要素を盛り込み過ぎています。なぜなら、お客様が価値を感じるＷＨＯとＷＨＡＴの組み合わせが見えていないから、とりあえず、あらゆる要素をすべて説明してしまうわけです。

営業の方も、ぜひ「ストラテジーマップ」を使って、自分のお客様が今どの状態にいるのか、どこで行き詰まっているのかをしっかり把握してみてください。

自ら体感する「トライ&エラー&ラーン」

そして、最後にもう1つ大事なポイントをお伝えします。

20代の大失敗の話をしましたが、そこから20年以上経っても、じつはまだトラウマは残っています。トラウマは脳に刻まれた傷のようなもので、そう簡単には消えませんし、その後も軽いトラウマになった失敗はたくさんありました。

ただし、そんな筆者も徐々に大失敗することが減っていきました。

それは、「N1分析」を通じたお客様への理解に対する自己判断で、このまま進んでいいのかどうかが見えてくるようになったからです。多くの失敗をし、何が問題だったのかを振り返り学ぶことでこの感覚が養われてきたようです。このレベルの顧客理解で進むのは不十分だ、ここまで理解できればなんとかなる、という感覚的な判断ができるようになってきました。

大事なことは、自ら体感する「トライ（実行）&エラー（失敗）&ラーン（学習）」です。

やってみて、失敗したら、振り返って学習すること。今から思うと、自分が一番学んで成長したと感じるのは、お客様に対する新しい発見や理解を「自分事化」できたときです。学びとして最も大きいのは、やはり自分自身の経験です。

失敗は誰しもが経験するものです。ただし、そこから学習しなければ、トライ&エラーで終わります。失敗と向き合うのがつらくて、ときになかったことにしたいという気持ちのほうが強くなるかもしれません。筆者も何度も経験しましたが、このパターンに入ると学習できず、成長できません。トライ&エラー、そしてもう一度トライするために学習（ラーン）をすることが大切です。

失敗をただ繰り返すだけでは進歩はありませんが、失敗して学習することを繰り返すと成功する確率が高くなります。

筆者も失敗した後、「なぜ、うまくいかなかったんだろう?」「自分が買ってくださると思ったお客様は、なぜ買ってくださらなかったんだろう?」「何を伝えたら良かったのか?」「『このお客様』というのは合っていたけれど、伝えることを間違えてしまったのかもしれない」などと自問自答しながら、どこに問題があったのか、どうすれば良かったのかという仮説を立てるようにしています。

この失敗の振り返りは感情的に楽ではないですが、まったく同じではなくても似たようなチャンスは将来いつかめぐってきます。

失敗したときに考え抜いて、その仮説が少しでも頭に残れば、そのチャンスに役立つのです。

今、筆者はさまざまな企業の支援や投資もしており、海外の企業から声をかけていただく機会も増えました。海外の企業の経営者に過去の経験を聞くと、たくさん失敗しているのに、むしろ誇らしげに過去の失敗を語る方が多いことに驚かされます。

自分は、これだけの経験（失敗）を得てきているのだから、その分、たくさん学習している、というのが彼らの主張です。

失敗から学び、次につなげていくほうが成功する確率も高いとも言えるでしょう。総じて、失敗するリスクよりも、何もやらない、行動しないリスクのほうが大きいのです。

何より、ビジネスは戦争ではなく、何度失敗しても学習して次につなげることができるのですから。

これからのマーケターに求められるもの

今、生成ＡＩの進化で、あらためて機械学習を含めたＡＩ（人工知能）全体の活用が広がってきています。

筆者も毎日のようにChatGPTやClaudeといった対話型生成ＡＩや日々生まれるサービスに触れ、何ができるのかを検証していますが、これほどのスピードでＡＩが発展していることには驚きを隠せません。

こうした進化によって、ビジネスもマーケティングの分野でも今後大きな変化が起こることが予想されます。

市場分析やデータ分析はもちろん、過去のデータや実績をベースにした打ち手の考案やＷＥＢサイトの構築、ＬＰの作成、広告の制作などもＡＩによって自動化されていくでしょう。今、「マーケティング」と言われている仕事の大半は、将来的に自動化されると考えています。

そうした中で、マーケターに最終的に残る仕事は何かと言えば、過去の延長線上にはない、データ化されていない、データ化できないような、お客様本人すら気づいていないその人の心理や行動を洞察し、インサイトをつかみ、それをどのような新しい価値、つまり独自性のある便益として提供できるかを想像し、実際につくり出すことです。その提案こそ、「Ｎ１分析」の中から見えてくるのです。

データがなければＡＩは対応できません。つまり、データ化できない人間の心理と行動、そして社会の変化との関係性を洞察して新しい価値を創造することこそが人間が力を発揮できる領域になるのです。

そして、そのときに軸になるのは、やはり「それはお客様にとってどんな価値をつくることができるのか」という「顧客起点」なのです。

Point

- １００％成功し続ける人はいない
- ビジネスでは、失敗をしても学ぶことでチャンスは続く
- ＡＩ時代のマーケターに求められるのは、データ化できない人間の心理や行動、社会との関係性を洞察して新しい価値を考え出すこと

おわりに

本書をここまで読んでくださり、ありがとうございます。

この本は、「はじめに」でも少し触れましたが『マーケティングを学んだけれど、どう使えばいいかわからかない人へ』の刊行後に、読者限定オンラインサロンを開催したことがきっかけで生まれました（現在はサロンの申し込みは終了しています）。

サロンは、第1シーズン6回、さらに追加で第2シーズン3回と計9回行われました。サロンは「セッション」として、毎回テーマごとに多くの質問を受け、私がそれに答え、ときに白熱した議論にも発展しながら、マーケティングについて語り合う、とても楽しい時間でした。

その中でも、サロンのメンバーから、とくにより深く知りたいという声があったのが「N1分析」だったことから、今回の本につながりました。


お気づきかもしれませんが、「N1分析」は、実在する1人の人間の心理を対象にした帰納的分析であり、いわば心理学にも近く、ノウハウやポイントを学ぶだけでなく「実践知」として身についていくものとも言えます。

そのため、「N1分析」を理解していくには、個別の実例から帰納的に、追体験することが最も重要だと考えています。本書で4社の具体的な事例をケーススタディとしてメインに詳細に紹介させていただいた理由はここにあります。

ケーススタディには、「N1分析」で大切なアクションプランとマインドセットが詰まっています。ケーススタディを何度も読み返し、また、これから触れる「マーケティングの本質」を念頭に、日々の実践を通じて自らのビジネスに活かしてください。

この本を通じて、あらためてお伝えしたかったのは、次のことです。

結局、どんなビジネスでも、突き詰めて考えれば、核となるビジネスは、1人の顧客と1つのプロダクト（商品やサービス）の組み合わせでしかない。

その顧客が、そのプロダクトに価値を見出せば、入手するためにお金や時間や体力を使って入手する。これが商売。

価値は、その顧客が、プロダクトに便益（買う理由）と独自性（ほかの選択肢や代替を買わない理由）を見出すことで成り立つ。

その顧客が、そのプロダクトの存在自体を知らなければ価値は生じないし、存在を知っても便益と独自性を見出さなければ購入しないので、価値も生じず、ビジネスも成立しない。

価値を成立させるために、プロダクトの便益と独自性を強化改良することもあれば、価値につながるようにプロダクトのコミュニケーション（訴求）を強化改良することもある。プロダクトに価値を見出してくれる潜在顧客を探すこともあるし、新たな価値を生むプロダクト自体をつくり出すこともある。

すなわち、顧客とプロダクトの間に価値を成立させるために、両者が出会い、そこに価値を成立させるために実行するすべての思考、アクション、試行錯誤、それらを実行するための組織、人員、プロセス、ノウハウ、ビジネスの活動を、私は「マーケティング」と呼んでいる。

しかしながら、理想を言えば、これらの「マーケティング」なしに、顧客とプロダクトに価値が生じ、その価値関係が多くの顧客に広がって欲しい。

顧客（ＷＨＯ）とプロダクト（ＷＨＡＴ）の価値関係が最も重要であり、それ以外はすべて手段手法（ＨＯＷ）であると主張する理由はここにある。

また、20代でドラッカー氏の『現代の経営』をはじめて読んだときは、この言葉にマーケティングの本質があると感じました。

「最もむずかしい問題を解決しなければならない。それは、『顧客にとって価値のあるものとは何か』『顧客は何を求めて製品を買うのか』という問題に解答を見出すことである」
（『現代の経営　上・下』P・F・ドラッカー著／上田惇生訳／ダイヤモンド社）

私が「マーケティング」について発信し続けているのは、実務を経てこの言葉の本質に近づき、確信できたことを多くの方々に伝えたかったからとも言えます。

そうやって実務での実践を通じて「マーケティング」に関わり続け、キャリアの終盤にきて、3社目となる「Wisdom Evolution Company」という新しい会社を立ち上げました。新会社では、無限に増殖し続けるマーケティングの情報と知識を自分の目で精査して、実務に活用できる知識とその組み合わせとなる「知恵」（Wisdom）を抽出し、それらの体系化を行っています。

過去に勉強させていただいた何百とある先人の古典から最新のマーケティングに関する本やメディア含めて、膨大な知識のすべてを振り返っています。

若かりし頃に、それぞれを学んだ際には納得し熱狂したものの、その後、さまざまな業種業界のマーケティングと経営に関わらせていただいた結果、今読むと、いろいろな矛盾や問題、そもそも実務で通用しないような机上の空論と言える知識や仮説でしかない理論や誤解がたくさんあることに気づきます。

このような自分自身の実務での知識や理論の実践、その実践の結果からの気づきは、過去10年近くにわたって実務で活用するだけでなく、本として出版したり、さまざまなビジネス系のメディアの記事やセミナーなどで発信してきました。今回立ち上げる新会社では、これらの過去の発信内容を含めすべてのマーケティング知識と知恵の体系化を目指します。

この新会社の立ち上げに至った大きな理由は、２０２３年頃からのChatGPTの登場から、「生成ＡＩ」の急速な進化です。２０２４年10月の現時点では、まだ、ハルシネーション問題の完全排除はできていませんが、プロンプトを工夫すれば90％くらいは正しいアウトプットが得られます。

生成されるアウトプットを人間が精査すれば、残りの10％の精度は担保できます。まるで、優秀なバイリンガルの社員10人くらいが24時間体制でサポートしてくれるような環境が整い、個人ではできなかった膨大なマーケティングの情報と知識の体系化が可能になりました。

しかしながら、この体系化には100%と言える完成はありません。目指すのは、AIを活用しながら、人間だからできるリアルな実務での実践からの結果をフィードバックし続け、その時点で最も正解に近い知識と知恵の体系化です。

最も正解に近く、永遠に進化し続ける知恵という意味で、Wisdom（知恵）のEvolution（進化）を会社名としました。これから突入するAI時代の中でも、人間が貢献できる価値創造になると信じています。まずは「Wisdom-Beta」というWEBで、進化中の知識と知恵を無償公開していきますので、ご覧いただければと思います。

最後になりましたが、ケーススタディの取材を快くお受けくださった、（以下、掲載順に）アサヒビールの松山一雄社長、アックスヤマザキの山﨑一史社長、シロクの飯塚勇太社長、向山雄登専務取締役、パナソニック コネクトの山口有希子CMO、関口昭如統括部長、ご多用のところ、多くの時間を割いていただき、本当に、ありがとうございました。リアルな実務での悩みと「顧客起点」での試行錯誤、そこから導かれた素晴らしい結果と「N1起点」の経営とマーケティングを詳細に紹介させていただけたからこそ、この本は成り立ったと強く感じています。

また、オンラインサロンを通じてこの本につなげていただいた、石野智和さん、堀川雄一さん、小椋浩一さん、鹿嶋啓二さん、清水大輔さん、大川昌輝さん、稲垣佑馬さん、尾崎貴将さん、久保康博さん、原薫さん、黒石譲さん、原奈都良さん、池田和歌子さん、小菱悟さん、藤内優さん、藤川ゆう子さん、三品徹平さん、小西隆弘さん、chajin.no4さんをはじめ100名を超えるメンバーのみなさん、マーケティングに関する熱い議論をありがとうございます。

そして、前著のサロンの運営から、この本が絶対に必要だとの強い想いで何度も議論を重ねて、ここまで引っ張っていただいたライターの真田晴美さん、日本実業出版社の川上聡さんに心からの感謝の気持ちを伝えたいと思います。本当にありがとうございました。

西口一希

☑「Wisdom-Beta」開発の背景

「Wisdom-Beta」は、次の課題に応えるために開発されました。

- 玉石混交の情報があふれる中、実務に使える知識が混在している
- 体系化されていない情報に圧倒され、どこから学ぶべきかが不明瞭
- 実務に役立つ「知恵」に昇華させることが難しい

現在、マーケティングに関する学習リソースは多様化していますが、得た知識を実際に成果に結び付けることは容易ではありません。とくに経験の浅いマーケターにとっては、情報をただ消費するだけになりがちです。ネット上のコンテンツの信頼性も問題視されており、正しい知識にアクセスすることが重要です。

☑進化する学習プラットフォーム

「Wisdom-Beta」は固定された学習プログラムではなく、顧客や市場の変化に合わせて常に進化しています。利用者が自身の学びを深めることで、「Wisdom-Beta」自体も成長し続けるでしょう。実務に役立つ知恵を獲得するための道筋を、ぜひこのプラットフォームで見つけてください。

Wisdom Evolution Company代表　西口一希

▲
https://wisdom-evolution.com

Wisdom-Beta

「Wisdom-Beta」は、マーケティングに関する膨大な情報を整理し、実務で活用できる知識を体系化した学習サイトです。

マーケティングに携わる人々が実践に役立つ「知恵」を身につけることを目指しています。単なる理論や誤った知識に振り回されることなく、実務に活かせる確かな知識を得て、「知恵」へと昇華させる支援を行っています。

このサイトは、初心者から実務経験10年程度のマーケターを対象とし、それぞれのレベルに応じた柔軟な学びを提供します。

さらに、経験豊富なCMOやマーケティング担当者にも役立つ内容がそろっており、最新の知識をアップデートできる場としても活用可能です。

☑「Wisdom-Beta」の3つの特徴

① 体系化された知見

「Wisdom-Beta」は、膨大なマーケティング知識を体系化し、DIKWモデル（Data-Information-Knowledge-Wisdom）に基づいて実務で使える「知恵」を習得できるよう構築されています。具体的な事例や顧客起点の理論も交え、現実に役立つ知識を提供します。

② 時事性を重視したコンテンツ

社会や技術の変化に伴って顧客のニーズが変わるように、マーケティングの最適な手法も変化します。「Wisdom-Beta」では最新のトピックや時事性の高いテーマについて解説し、常に知識をアップデートすることが可能です。

③ 質の高い情報と網羅性

重要なマーケティング用語や多種多様な手法を網羅し、厳選されたコンテンツを提供しています。質の管理が徹底されたコンテンツは、マーケティングの専門家にとっても信頼できるリソースとなります。

西口 一希（にしぐち　かずき）
大阪大学経済学部卒業。P&G ブランドマネージャー、マーケティングディレクター。ロート製薬執行役員マーケティング本部長を経て、ロクシタン代表取締役社長 グローバルエグゼクティブメンバー 社外取締役戦略顧問。スマートニュース執行役員マーケティング担当(日本・米国)。M-Force を創業し、マクロミル社に売却。現在、Strategy Partners および Wisdom Evolution Company 代表取締役社長。
著書『マーケティングを学んだけれど、どう使えばいいかわからない人へ』（日本実業出版社）、『たった一人の分析から事業は成長する 実践 顧客起点マーケティング』（翔泳社）、『企業の「成長の壁」を突破する改革 顧客起点の経営』（日経BP）、『マンガでわかる　新しいマーケティング』（池田書店）。

https://strategy-ps.com
https://wisdom-evolution.com

ビジネスの結果《けっか》が変《か》わるN1分析《エヌワンぶんせき》

2024年12月1日　初 版 発 行
2025年3月1日　第3刷発行

著　者　西口一希
発行者　杉本淳一

発行所　株式会社日本実業出版社　東京都新宿区市谷本村町3-29　〒162-0845
編集部　☎03-3268-5651
営業部　☎03-3268-5161　振　替　00170-1-25349
https://www.njg.co.jp/

印刷／壮 光 舎　　製 本／若林製本

ISBN 978-4-534-06150-8　Printed in JAPAN